Futh

Rationalisierung der Datenverarbeitung
Band III

Oldenbourg

Dipl.-Kfm. Horst Futh

Rationalisierung der Datenverarbeitung

Band III

Entwicklung und Einführung von EDV-Systemen

Mit 16 Abbildungen und 33 Formularen

R. Oldenbourg Verlag
München Wien 1975

CIP-Kurztitelaufnahme der Deutschen Bibliothek

Futh , Horst
Rationalisierung der Datenverarbeitung.

Bd. 3. Entwicklung und Einführung von EDV-Systemen : Voruntersuchung, Projektsteuerung, Projektrealisierung, Änderungsdienst.
ISBN 3-486-34931-7

ISBN 3-486-34931-7

Inhalt

Vorwort zur Gesamtausgabe

Alle mit der Datenverarbeitung zusammenhängenden Fragen sind heute aktueller denn je. Nicht nur, daß die Anzahl der installierten EDV-Anlagen von Jahr zu Jahr wächst und immer mehr Anwendungsgebiete auf die EDV umgestellt werden, auch die EDV-Probleme haben erheblich zugenommen. Während in den 60er Jahren die maschinelle Abwicklung von Massen- und Routinearbeiten im Vordergrund stand, werden heute Lösungen für Dispositions- und Informationssysteme, für den Einsatz von Dialoggeräten und für den Aufbau von Datenbanken gesucht. Diese Entwicklung stellt neue Fragen und verlangt ein Abweichen von eingefahrenen Wegen. Hinzu kommt, daß die Unternehmen heute aus wirtschaftlichen Gründen gezwungen sind, rationellere Verfahren und Techniken in der EDV einzusetzen. Mehr Planung und Überwachung, der Einsatz normierter Organisations- und Programmierungstechniken und die Einführung von Kostenbudgets und Wirtschaftlichkeitsberechnungen werden bald zum Maßnahmenkatalog jeder EDV-Abteilung gehören.

Dem Wandel in der EDV und den Anforderungen, die künftig an die EDV-Mitarbeiter, aber auch an die Geschäftsleitungen und Mitarbeiter in den Fachabteilungen gestellt werden, will diese Buchreihe Rechnung tragen. Sie erstreckt sich auf das Gesamtgebiet der EDV-Technik und wird nur dort eingeschränkt, wo sich die EDV-Aktivitäten auf herstellerbezogene Hardware- und Softwaretechniken beziehen.

Die neue Buchreihe umfaßt folgende Bände:

Band I	Grundlagen der EDV - Hardware, Software, Orgware -
Band II	Einrichtung und Betrieb von EDV-Abteilungen - Strukturorganisation, Personalführung, Auswahl von Hardware und Software, Wirtschaftlichkeitsberechnungen, Gesamtplanung -
Band III	Entwicklung und Einführung von EDV-Systemen - Voruntersuchung, Projektsteuerung, Projektrealisierung, Änderungsdienst -
Band IV	Rechenzentrumsorganisation - Arbeitsplanung und Ablaufvorbereitung, Datenerfassung und Datenverarbeitung, Kontrolle und Abstimmung -
Band V	Überprüfung von EDV-Abteilungen - Revision der Projektumstellung Revision der Projektabwicklung, Revision projektunabhängiger Bereiche -

Weitere Bände dieser Reihe sind geplant.

März 1975 Horst Futh

Vorwort zu Band III

Dieser Band bildet mit Band IV, Rechenzentrumsorganisation, eine Einheit. Beide Arbeiten beschäftigen sich mit der Rationalisierung der Arbeitsabläufe innerhalb der EDV-Abteilung. Doch während Band IV sich den Aufgaben im Rechenzentrum widmet, erstreckt sich der vorliegende Band auf die Rationalisierung der Umstellungsarbeiten in EDV-Organisation und Programmierung. Die Hauptabschnitte des Buches sind:

- die Voruntersuchung
  (EDV-Antrags- und EDV-Auftragsverfahren)

- die Projektsteuerung
  (Projektplanung und -kontrolle, Arbeitsplanung und -kontrolle sowie Zeitschätzverfahren)

- die Projektrealisierung
  (Problemanalyse, Systementwicklung, Detailorganisation, Programmierung, Systemeinführung)

- der Änderungsdienst
  (Änderungsauftrag und Änderungsfreigabe).

Alle Abschnitte werden durch schaubildliche Darstellungen, Formularmuster und Fallbeispiele ergänzt. Alle DIN A 3 - Formulare sind als Falttafeln im Anhang untergebracht.

März 1975 Horst Futh

1. Einführung

Die Umstellung eines Arbeitsgebietes auf die EDV, also die Entwicklung und Einführung von EDV-Systemen, sollte mit einem EDV-Antrag beginnen, den die betreffende Fachabteilung, die Betriebsorganisation oder die EDV-Abteilung selbst stellt. Der EDV-Antrag enthält erste Vorstellungen über die Umstellung und die erwarteten Vorteile und löst eine EDV-Analyse (eine Kurzuntersuchung) aus, mit der der Personal- und Sachmitteleinsatz für die Umstellung ermittelt werden. Am Ende der EDV-Analyse steht der EDV-Auftrag, sofern die Untersuchung zu einer positiven Entscheidung führt. Mit dem EDV-Auftrag wird die EDV-Abteilung beauftragt, das betreffende Arbeitsgebiet nach den Maßgaben des EDV-Auftrages auf die EDV umzustellen.

Sobald ein Projekt zur Umstellung freigegeben ist, erfolgt die Projektplanung und im Anschluß daran die Projektrealisierung, d.h. die eigentliche Umstellung des Arbeitsgebietes. Die Projektrealisierung vollzieht sich in Stufen, gegliedert nach Problemanalyse, Systementwicklung, Detailorganisation, Programmierung und Systemeinführung. Während der Realisierung müssen das Projekt überwacht und die einzelnen Arbeiten geplant und kontrolliert werden. Nachdem das Projekt schließlich realisiert ist, erfolgt die Projektkontrolle. Im weiteren Sinne gehört zur Projektrealisierung auch der Änderungsdienst, d.h. die Methodik zur Änderung bereits umgestellter Programme. Bild 1 zeigt eine Übersicht über die Aufgaben bei der Entwicklung und Einführung von EDV-Systemen.

Jede Systematik bedarf einer bestimmten Ordnung. Demgemäß werden alle Umstellungsprojekte nach drei Ordnungsmerkmalen gegliedert, mit deren Hilfe jede Tätigkeit und jede

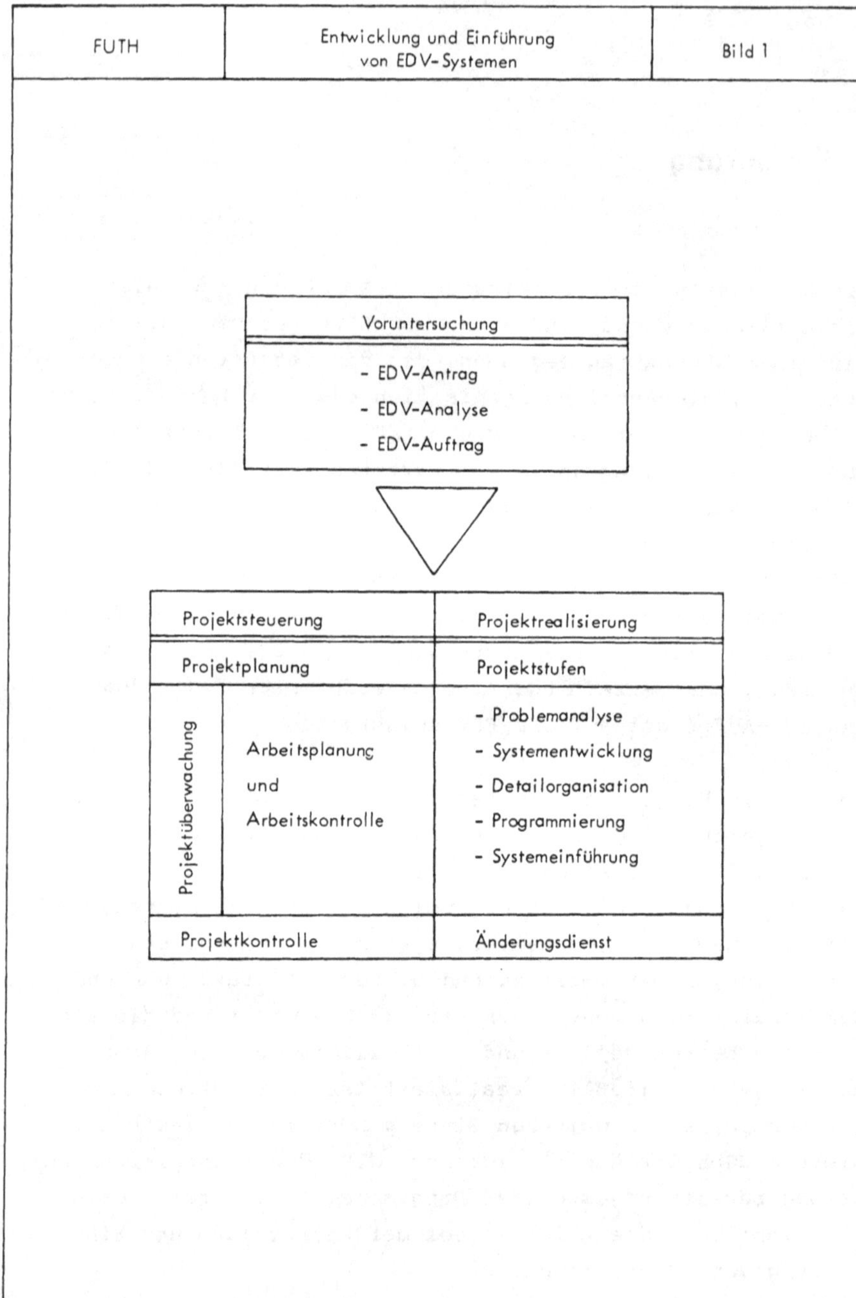
FUTH
Entwicklung und Einführung von EDV-Systemen
Bild 1
Voruntersuchung
- EDV-Antrag
- EDV-Analyse
- EDV-Auftrag
Projektsteuerung
Projektrealisierung
Projektplanung
Projektstufen
Projektüberwachung
Arbeitsplanung und Arbeitskontrolle
- Problemanalyse
- Systementwicklung
- Detailorganisation
- Programmierung
- Systemeinführung
Projektkontrolle
Änderungsdienst

Unterlage einem bestimmten Arbeitsgebiet (System), einem bestimmten Auftrag und einer bestimmten Projektstufe zugeordnet werden können. Die drei Ordnungsmerkmale sind:

- <u>die Systemzuordnung</u>
  (zu welchem Sachkomplex gehört das betreffende Arbeitsgebiet, unterteilt nach System, Teilsystem und Untersystem?)

- <u>die Auftragszuordnung</u>
  (aufgrund welchen Auftrags erfolgt eine bestimmte Organisations- oder Programmierungsarbeit, unterteilt nach EDV-Auftrag, Projektauftrag und Arbeitsauftrag?)

- <u>die Projektstufenzuordnung</u>
  (welcher Projektstufe ist eine Tätigkeit oder ein Beleg zuzuordnen, unterteilt nach Problemanalyse, Systementwicklung, Detailorganisation, Programmierung und Systemeinführung?).

Die nachfolgenden Beispiele sollen die beschriebene Ordnung noch einmal veranschaulichen:

<u>Systemzuordnung</u>

Systeme	= Rechnungswesen (Unterteilung des Gesamtsystems der Daten- und Informationsverarbeitung eines Unternehmens in Systeme)
Teilsysteme	= Buchhaltung, Kostenrechnung, Kalkulation (Unterteilung eines Systems - hier Rechnungswesen - in Teilsysteme)
Untersysteme	= Verkaufsabrechnung, Debitorenbuchhaltung, Kreditorenbuchhaltung, Sachkontenbuchhaltung (Unterteilung eines Teilsystems - hier Buchhaltung - in Untersysteme).

Anmerkung: Die Systemzuordnung kann sich mit der Bereichs- und Abteilungshierarchie eines Unternehmens decken, braucht dies aber nicht zu tun.

Auftragszuordnung

EDV-Auftrag (an EDV-Abteilung)	= z.B. Umstellung der Verkaufsabrechnung
Projektauftrag (an Projektteam)	= z.B. Auftrag für die Abwicklung von Problemanalyse und Systementwicklung bei der Umstellung der Verkaufsabrechnung
Arbeitsauftrag (an Projektmitarbeiter)	= z.B. Auftrag für die Abwicklung der Problemanalyse bei der Umstellung der Verkaufsabrechnung.

Beispiel Auftrags-Nr.:

XXX.X.XX

- XXX → Nr. des EDV-Auftrages (fortlaufend von 001 bis 999)
- X → Nr. des Projektauftrages innerhalb eines EDV-Auftrages (von 1 bis 9)
- XX → Nr. des Arbeitsauftrages innerhalb eines Projektauftrages (von 01 bis 99)

Projektstufenzuordnung

Voruntersuchung	der Projektrealisierung vorgelagert
Problemanalyse Systementwicklung Detailorganisation Programmierung Systemeinführung	Projektrealisierung, unterteilt nach Projektstufen
Änderungsdienst	der Projektrealisierung nachgelagert.

2. Voruntersuchung

2.1 EDV-Antrag

Mit dem EDV-Antrag stellt irgendeine Stelle im Unternehmen (insbesondere die betroffene Fachabteilung, die Betriebsorganisation oder die EDV-Abteilung) den Antrag, ein bisher manuell abgewickeltes Arbeitsgebiet auf die EDV umzustellen bzw. ein bereits auf der EDV-Anlage laufendes Arbeitsgebiet neu zu gestalten. Ein EDV-Antrag sollte auch für den Fall gestellt werden, daß bereits eine langfristige Umstellungsplanung vorliegt, aufgrund derer dann zu gegebener Zeit ein bestimmtes Arbeitsgebiet umgestellt wird.

Der EDV-Antrag kann formlos gestellt werden (jedoch sollte der Inhalt vorgeschrieben werden) oder als Formular gestaltet sein. Formular III/01 zeigt das Muster eines EDV-Antrages. Ähnlich den Regelungen beim betrieblichen Vorschlagswesen sollte der Kreis derjenigen, die befugt sind, EDV-Anträge zu stellen, nicht zu klein gezogen werden. Üblicherweise kann man davon ausgehen, daß Antragsteller die betreffende Fachabteilung (bei nicht langfristig geplanten Projekten) oder die EDV-Abteilung (bei langfristiger Projektplanung) ist. Aber auch die Organisationsabteilung, die Geschäftsleitung und andere können EDV-Anträge stellen.

Die EDV-Anträge gehen entweder an die EDV-Abteilung, die dann gehalten ist, die EDV-Analyse durchzuführen. Besser ist es jedoch, wenn ein EDV-Ausschuß Empfänger von EDV-Anträgen ist, der dann zunächst eine Grobprüfung vornimmt. Nicht genügend begründete EDV-Anträge, EDV-Anträge mit zweifelhafter Erfolgsaussicht und eine zeitweilig überlastete EDV-Abteilung können Gründe für die Rückweisung bzw.

Zurückhaltung von EDV-Anträgen sein. Es sei angemerkt, daß der genannte EDV-Ausschuß sich aus Mitarbeitern verschiedener Stellen im Unternehmen (Betriebsorganisation, Fachabteilungen, EDV-Abteilung, Revision) zusammensetzt. Seine Funktionen sind im allgemeinen:

- Entscheidung über EDV-Anträge
- Vergabe von Aufträgen für EDV-Analysen
- Entscheidung oder Entscheidungsvorbereitung für die Vergabe von EDV-Aufträgen
- Kosten- und Terminkontrolle
- Festlegung von Umstellungsprioritäten
- Koordination von EDV-Aufgaben.

Soweit nicht die genannten Gründe dagegen sprechen, veranlaßt der EDV-Ausschuß bzw. die beantragende Stelle die Durchführung einer EDV-Analyse, über die im nächsten Abschnitt berichtet wird.

FUTH	EDV-ANTRAG	erstellt am: 24.1.75 erstellt durch: Meyer
System	Teilsystem	Untersystem
Rechnungswesen	Buchhaltung	Verkaufsabrechnung
Auftrags-Nr.	Auftragsbezeichnung	Projektstufe

Bereich: Rechnungswesen Abt.: Buchhaltung Abt.-Leiter: Kramer

Gegenwärtiges Verfahren

Die gegenwärtige Verkaufsabrechnung erfolgt überwiegend manuell durch 15 Sachbearbeiter und 8 Hilfskräfte. Lediglich durch den Einsatz von 3 Fakturiermaschinen konnte eine teilweise Mechanisierung der Arbeiten erzielt werden. Die angespannte Personalsituation, der ständig zunehmende Arbeitsumfang sowie überwiegende Routinearbeiten machen eine Umstellung auf die EDV erforderlich.

Vorgeschlagene Lösung

1. Tägliche Gewinnung der Auftragsbestätigungen und Lieferscheine durch die EDV-Anlage.
2. Tägliche Fakturierung durch die EDV-Anlage
3. Monatliche Gewinnung detaillierter Verkaufs= informationen durch die EDV-Anlage

Wir glauben, daß sich durch die Umstellung nicht nur Personal einsparen, sondern daß vor allem eine größere Verkaufstransparenz sowie eine schnellere Auftragsabwicklung erzielen ließen.

Formular III/01

Eingang am: 28.1.75 Unterschrift: Müller

Stellungnahme

Da die gegenwärtige Auftragsabwicklung mit verhältnismäßig großem Personalaufwand verbunden ist und es sich zum anderen überwiegend um Routinearbeiten handelt, sind sinnvolle und wirtschaftliche Ansatzpunkte für eine EDV-Umstellung vorhanden.

Obwohl EDV-Umstellungen im Bereich des Vertriebs innerhalb der langfristigen EDV-Planung erst für 1976 vorgesehen waren, wird eine vorzeitige Umstellung aus den genannten Gründen für zweckmäßig gehalten.

Entscheidung

Auftrag für EDV-Analyse an EDV-Abteilung erteilt.

Datum: 25.2.75

Unterschrift: Winter

2.2 EDV-Analyse und EDV-Auftrag

Bei der EDV-Analyse handelt es sich um eine Kurzuntersuchung, die folgende Tatbestände und Daten untersuchen bzw. ermitteln soll:

1. Welches sind die Hauptmerkmale, Probleme und Engpässe des gegenwärtigen Verfahrens?
2. Welche ersten Vorstellungen bestehen über die künftige EDV-Abwicklung?
3. Welche Umstellungskosten werden geschätzt?
4. Mit welchen laufenden Einsparungen bzw. Mehrkosten wird nach der Umstellung gerechnet?
5. Welche sonstigen Vor- und Nachteile sind mit der Umstellung verbunden?
6. Wann soll das betreffende Arbeitsgebiet umgestellt werden?
7. Können die EDV-Abteilung und die betreffenden Fachabteilungen geeignetes Personal für die Umstellung bereitstellen?
8. Kann der laufende Personal- und Maschinenaufwand nach der Umstellung von den Fachabteilungen und dem Rechenzentrum bewältigt werden?
9. Welche benachbarten Fachabteilungen werden von der Umstellung betroffen, und sind die Belange dieser Abteilungen berücksichtigt?
10. Wurden alle anderen Rationalisierungsmöglichkeiten (herkömmliche Verfahren, der Einsatz von Standard-Software usw.) geprüft und ausgeschöpft?

Eine EDV-Analyse kann einige Tage, aber auch mehrere Wochen dauern. Im allgemeinen hängt der Zeitaufwand vom Umfang und Schwierigkeitsgrad des betreffenden Arbeitsgebietes sowie von der Anzahl und Qualifikation der Untersuchungspersonen ab. Hierbei ist es wichtig zu beachten, daß Ziel und Zweck der EDV-Analyse nicht aus den Augen verloren werden und nicht bereits mit detaillierten Untersuchungen und Umstellungsvorbereitungen begonnen wird. Hauptziel der EDV-Analyse muß es sein herauszufinden, ob sich der EDV-Einsatz für das betreffende Arbeitsgebiet lohnt und welche Mittel für die Umstellung bereitgestellt werden müssen.

Da bei der Untersuchung Tatbestände ermittelt werden, die sowohl die organisatorisch-betriebswirtschaftliche Seite der betroffenen Fachabteilungen als auch die mögliche EDV-Umstellung berühren, ist es ratsam, die EDV-Analyse durch ein Team von Mitarbeitern verschiedener Abteilungen durchführen zu lassen. In der Praxis hat es sich bewährt, wenn sich dieses Team aus Mitarbeitern der betreffenden Fachabteilungen, der Betriebsorganisation und der EDV-Abteilung zusammensetzt. Günstig ist es auch, wenn ein Mitarbeiter der Fachabteilungen in dieser Phase Leiter des Untersuchungsteams ist. Soweit Mitarbeiter der Fachabteilungen nicht abgestellt werden können, müssen diese zumindest beratend zur Verfügung stehen. Um die EDV-Analyse nicht mit zu hohen Kosten zu belasten (die meist von den verursachenden Fachabteilungen getragen werden), empfiehlt es sich, die Anzahl der Untersuchungspersonen und den Zeitaufwand für die Untersuchung zu begrenzen. Zwischen zwei und fünf Untersuchungspersonen und zwei und zehn Mannwochen liegen die Erfahrungsmittelwerte für die Durchführung von EDV-Analysen.

Das Ergebnis der EDV-Analyse wird auf dem Formular EDV-Auftrag (Formular III/02) dokumentiert. Das Formular enthält zunächst ein Grobkonzept der vorgeschlagenen Lösung, und zwar entweder verbal, wie in unserem Beispiel, oder aber in graphischer Darstellung. Im allgemeinen wird hier die verbale Form genügend aussagefähig sein. Es folgen die durch die Umstellung erwarteten Einsparungen, unterteilt nach Einsparungen in den Fachabteilungen und in der EDV-Abteilung (soweit von einem maschinellen System auf ein anderes umgestellt wird). Die nächste Seite des Formulars nimmt den geschätzten Umstellungsaufwand mit Terminen, Personaleinsatz, Zeitaufwand und Kosten auf, und zwar getrennt für die Fachabteilungen (soweit sie durch Bereitstellung von Mitarbeitern an der Umstellung mitwirken),

FUTH	EDV-AUFTRAG	erstellt am: 27.3.75 erstellt durch: Grammann	01
System	Teilsystem	Untersystem	
Rechnungswesen	Buchhaltung	Verkaufsabrechnung	
Auftrags-Nr.	Auftragsbezeichnung	Projektstufe	
074.0.00	EDV-Analyse	Voruntersuchung	

Vorgeschlagene Lösung

1. Die täglich ca. 500-600 eingehenden Kunden=aufträge (telefonisch und brieflich) werden erfaßt, geprüft, ergänzt und auf Erfassungsbelege übertragen.
2. Die Kundenaufträge werden in der zentralen Daten=erfassung von den Erfassungsbelegen auf Magnet=bänder übertragen.
3. Aufgrund einer maschinellen Verfügbarkeitsrechnung (alle Lagerbestände und -bewegungen sind ebenfalls gespeichert) werden von der EDV-Anlage täglich Auf=tragsbestätigungen und Lieferscheine gedruckt.
4. Nach dem Versand der Ware kommt eine Liefer=scheinkopie an das Rechenzentrum zurück, wird erfaßt und in die EDV-Anlage eingegeben.
5. Aufgrund der Lieferung erfolgt die tägliche EDV-Fakturierung mit gleichzeitiger Bereitstellung der Datensätze für die Debitorenbuchhaltung.
6. Monatlich und vierteljährlich werden Kunden- und Vertreterstatistik sowie Abnehmergruppen- und Provisionsstatistik maschinell gewonnen.

Formular III/02 (1)

Erwartete Einsparungen

Einsparungen in den Fachabteilungen

Art	Anzahl	Beschreibung	Kostensatz	DM/Monat
Personal	2 8	Sachbearbeiter Hilfskräfte	3.000,- 2.000,-	6.000,- 16.000,-
Maschinen	3	Fakturiermaschinen	1.500,-	4.500,-
Material		Formulare und Karteien		1.500,-
Sonstige		Raumkosten		1.500,-
Gesamt				29.500,-
Einmalige Einsparungen:				./.

Einsparungen in der EDV-Abteilung

Art	Anzahl	Beschreibung	Kostensatz	DM/Monat
Datenerfassung		keine Einsparungen, da Erstumstellung		
EDV-Anlage				
Randmaschinen				
Material				
Sonstige				
Gesamt				./.
Einmalige Einsparungen:				./.

Geschätzter Umstellungsaufwand	erstellt am: 27.3.75	02
	erstellt durch: [illegible]	

in den Fachabteilungen

Projektstufe	Termine Anfang	Termine Ende	Anzahl Mitarbeiter	Anzahl Mannmonate	Kostensatz je Mannmonat	Kosten
EDV-Analyse	26.2.	27.3.75	2	2,0	3.000,-	6.000,-
Problemanalyse	6/75	8/75	2	2,5	3.000,-	7.500,-
Systementwicklung	8/75	10/75	2	1,5	3.000,-	4.500,-
Detailorganisation	11/75	12/75	2	0,5	3.000,-	1.500,-
Programmierung	1/76	4/76	—	—	—	—
Systemeinführung	5/76	6/76	6	3,0	2.500,-	7.500,-
Soll gesamt		6/76	6	9,5		27.000,-
Ist gesamt						
Abweichung						

In der Organisation und Programmierung

Projektstufe	Termine Anfang	Termine Ende	Anzahl Mitarbeiter	Anzahl Mannmonate	Kostensatz je Mannmonat	Kosten
EDV-Analyse	26.2.	27.3.75	2	2,0	5.000,-	10.000,-
Problemanalyse	6/75	8/75	2	5,0	5.000,-	25.000,-
Systementwicklung	8/75	10/75	2	5,0	5.000,-	25.000,-
Detailorganisation	11/75	12/75	3	6,0	5.000,-	30.000,-
Programmierung	1/76	4/76	4	15,0	4.000,-	60.000,-
Systemeinführung	5/76	6/76	7	7,0	4.500,-	31.500,-
Soll gesamt		6/76	7	40,0		181.500,-
Ist gesamt						
Abweichung						

im Rechenzentrum

Arbeiten	Termine Anfang	Termine Ende	Datenerfassung Std.	Datenerfassung Satz/Std. 20,- DM	EDV-Anlage Std.	EDV-Anlage Satz/Std. 300,- DM	Kosten
Tests	3/76	5/76	175	3.500,-	190	57.000,-	60.500,-
Übernahme	1/76	3/76	85	1.700,-	40	12.000,-	13.700,-
Soll gesamt		3/76	260	5.200,-	230	69.000,-	74.200,-
Ist gesamt							
Abweichung							

Formular III/02 (2)

Geschätzter laufender Aufwand

in den Fachabteilungen

Art	Mitarbeiter Anz.	Std./Monat	Stundensatz	Kosten je Monat
Datenerfassung	2	40	15,-	600,-
Stammdatenpflege	1	8	15,-	120,-
Auswertungen	3	27	15,-	405,-
Sonstige EDV-Arbeiten				./.
Summe	6	75		1.125,-
Material	Datenerfassungsbelege			500,-
Sonstige				./.
Gesamtsumme				1.625,-

im Rechenzentrum

Art	Stunden	Periode	Stunden/ Monat	Stundensatz	Kosten je Monat
Datenerfassung	1	t	20	20,-	400,-
EDV-Anlage	1,5	t	30	300,-	9.000,-
	4,0	m	4	300,-	1.200,-
	3,0	v	1	300,-	300,-
Randmaschinen					./.
Material	Auftragsbestätigungen				500,-
	Lieferscheine				800,-
	Rechnungen				700,-
Gesamtsumme					12.900,-

Ergebnis der EDV-Analyse					erstellt am: 27.3.75		03
					erstellt durch: Gaumann		

Kosten / Einsparungen

Abteilung	zus. Kosten TDM		Einsparungen TDM		Einsparng. ./. zus. Kosten TDM		
	einmalig	monatlich	einmalig	monatlich	in 3 Jahr.	in 5 Jahr.	in Jahr.
Fachabteilungen	27,0	1,625	—	29,5	976,55	1.645,50	
EDV-Abteilung							
Org./Programmierung	181,5	—	—	—	-181,50	-181,50	
Rechenzentrum	74,2	12,900	—	—	-538,60	-848,20	
Sonstige	—	—	—	—	—	—	
Gesamt	282,7	14,525	—	29,5	256,45	615,80	

Vor- und Nachteile

in den Fachabteilungen

Der Arbeitsablauf wird personalunabhängiger, die Abwicklung wird beschleunigt und es liegen schnellere und aktuelle Verkaufsinformationen vor

in der EDV-Abteilung

keine, da Erstumstellung

Stellungnahmen

1. Umstellungstermin: 1.7.1976
2. Mitwirkung der Fachabteilungen: sichergestellt
3. Aufwand nach der Umstellung in den Fachabt.: durch entspr. Ausbildung i.O.
4. Aufwand nach der Umstellung im Rechenzentrum: keine Schwierigkeiten
5. Berücksichtigung benachbarter Fachabteilungen: Buchhaltung und Lager
6. Andere Rationalisierungsmöglichkeiten: nein
7. Sonstige Stellungnahmen: keine

Datum: 27.3.75 Projektleiter: Gaumann

Formular III/02 (3)

Empfehlungen

Fachabteilungen

Abteilung	Empfehlung	Datum	Unterschrift
Buchhaltung	Positive Empfehlung wegen wachsenden Datenvolumens bei großen Personalschwierigkeiten	2.4.75	Kramer

EDV-Abteilung

Stelle	Empfehlung	Datum	Unterschrift
Org./Progr.	Umstellung möglich	3.4.75	Gruner
Rechenzentrum	Kapazitäten ausreichend	4.4.75	Reimer

Entscheidung

Abteilung	Bemerkungen	Datum	Unterschrift
Buchhaltung	Der EDV-Ausschuß, vertreten durch diese drei Abteilungen entscheidet, daß das Projekt Auftragsbearbeitung in der beantragten Form realisiert werden soll	30.4.75	Kramer
Betriebsorg.		30.4.75	Handtke
EDV-Abt.		30.4.75	Fritzsche

Auftragserteilung

EDV-Auftrag erteilt am: 30.4.75

Fertigstellung: 30.6.1976

Priorität: 2

Berichtszeitraum: monatlich

Datum: 30.4.75

Unterschrift: Handtke

für die EDV-Organisation und Programmierung und für das Rechenzentrum (soweit Test- und Übernahmekosten erfaßt werden sollen). Neben dem "Soll gesamt" sind Zeilen "Ist gesamt" und "Abweichungen" vorgesehen, um später nach der Umstellung die geplanten Werte mit den tatsächlichen Istwerten vergleichen zu können. Die Rückseite des zweiten Formularblattes ist dann für die Aufnahme des geschätzten laufenden Aufwands nach der Umstellung vorgesehen. Zu allen ermittelten Werten ist zu bemerken, daß es sich um geschätzte Größenordnungen (nicht dagegen um verbindliche Detailansatzwerte) handelt, die später unter- oder überschritten werden können. Im allgemeinen ist es akzeptabel, wenn die Zeit- und Kostenüberschreitungen innerhalb von 20 - 30 % bleiben. Bei höheren Überschreitungen müssen entweder Maßnahmen zu ihrer Reduzierung eingeleitet bzw. die Gründe für die Überschreitung analysiert und Kostenerhöhungen beantragt werden.

Die vordere Seite des letzten Blattes faßt das Ergebnis der Untersuchung zusammen. Zunächst werden die geschätzten Kosten den erwarteten Einsparungen gegenübergestellt, und zwar in verschiedenen Zeiträumen nach der Umstellung, so z.B. mit der Verteilung der Umstellungskosten auf drei und fünf Jahre. Desweiteren werden die sonstigen Vor- und Nachteile dokumentiert sowie zu weiteren Fragen Stellung genommen, die mit der Umstellung zusammenhängen.

Auf der letzten Seite des EDV-Auftrages folgen die Empfehlungen der betroffenen Fachabteilungen und der EDV-Abteilung sowie die Entscheidung über die Freigabe des Umstellungsprojektes. In unserem Beispiel wurde angenommen, daß ein EDV-Ausschuß über die Auftragsvergabe entscheidet. Wenn das Projekt zur Umstellung freigegeben wird, ist auf dem Formular die Auftragserteilung mit Datum, Fertigstellungstermin, Priorität (Vorrangstellung des Projekts) und Berichtszeitraum (Berichterstattung der EDV-Abteilung an den Auftraggeber) einzutragen. Mit dieser Eintragung wird zugleich der Auftrag an den Leiter der EDV-Abteilung erteilt, das geplante Projekt entsprechend den Angaben und Richtwerten auf dem EDV-Auftrag umzustellen.

Bild 2 zeigt den Arbeitsablauf vom EDV-Antrag bis zur Erteilung des EDV-Auftrages.

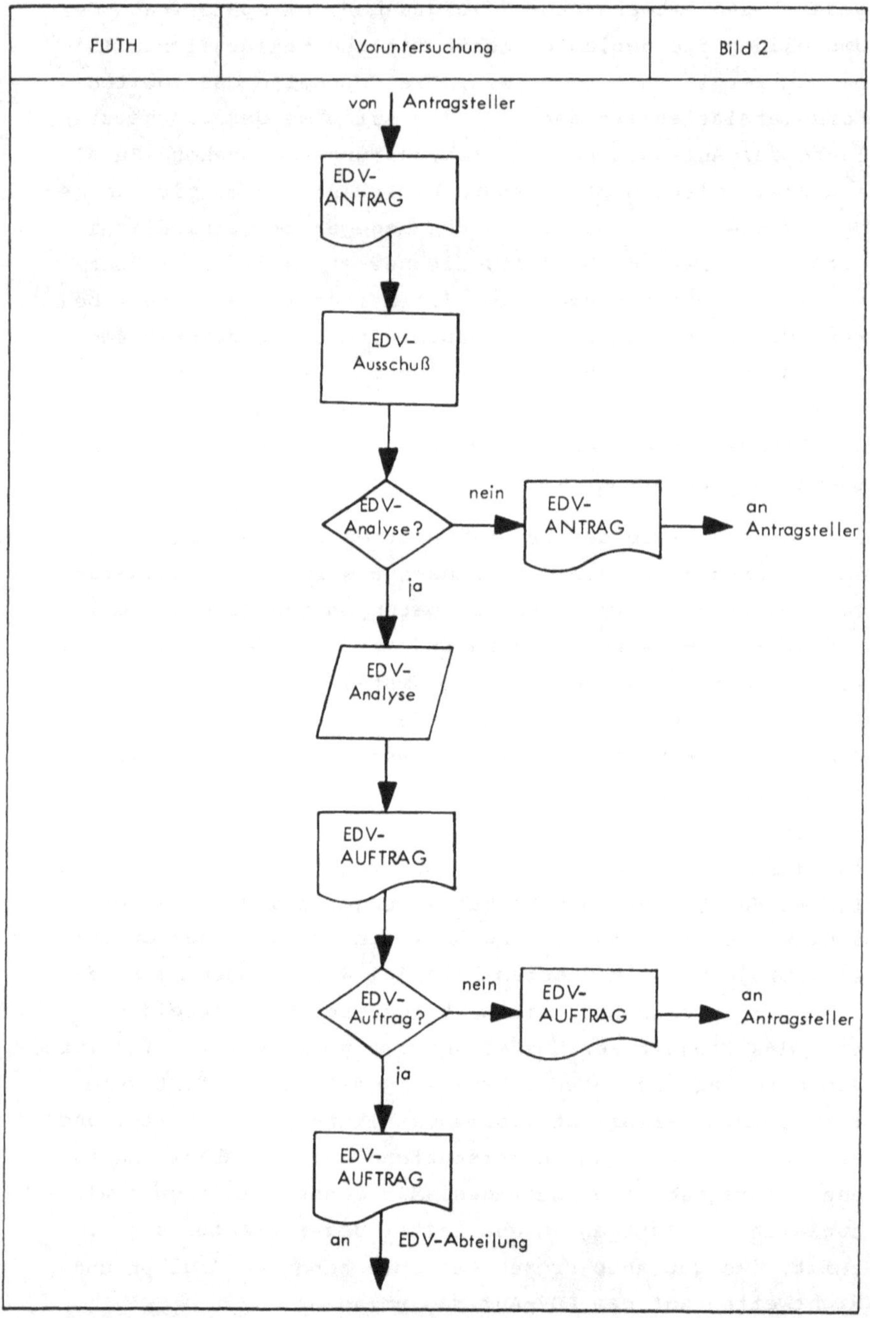

3. Projektsteuerung

3.1 Projektplanung und -kontrolle

Unmittelbar nach der Erteilung des EDV-Auftrages erfolgt die Projektplanung als erste Stufe der Projektsteuerung. Die Projektsteuerung dient dazu, die Projektabwicklung in allen Stufen und Tätigkeiten zu planen, zu überwachen und zu kontrollieren. Hilfsmittel der Projektsteuerung sind die Projektaufträge an die betreffenden Projektleiter und die Arbeitsaufträge und Arbeitsberichte der Projektmitarbeiter. Der Kontrollkreis der Projektsteuerung schließt sich dadurch, daß jeder Projektmitarbeiter je Kalenderwoche einen Arbeitsbericht anfertigt, der dem Projektleiter zur Kontrolle und zur Fortschreibung der Projektrealisierung auf dem Projektauftrag dient. Der EDV-Leiter selbst informiert sich anhand der einzelnen Projektaufträge über den Stand der Projektrealisierung und berichtet dem Auftraggeber hierüber im festgelegten Berichtszeitraum. Während des Projektes werden die Istdaten und nach Abschluß die Soll-/Istabweichungen von den zugehörigen Projektaufträgen zur Abschlußkontrolle auf den EDV-Auftrag übertragen. Bild 3 zeigt den Arbeitsablauf der Projektsteuerung.

Hauptsächlich vom Umfang eines Projektes und dem Umstellungstermin hängt es ab, ob der EDV-Leiter die Umstellungsarbeiten auf ein oder mehrere Projektteams verteilt. In den meisten Fällen wird ein einziges Projektteam genügen. Wie viele Mitarbeiter ein Projektteam umfaßt, wird vom Umfang, dem Schwierigkeitsgrad und dem Umstellungstermin bestimmt. Von Vorteil ist es, wenn dem Projektteam nicht nur EDV-Organisatoren und Programmierer der EDV-Abteilung, sondern auch ein oder mehrere Mitarbeiter der betreffenden

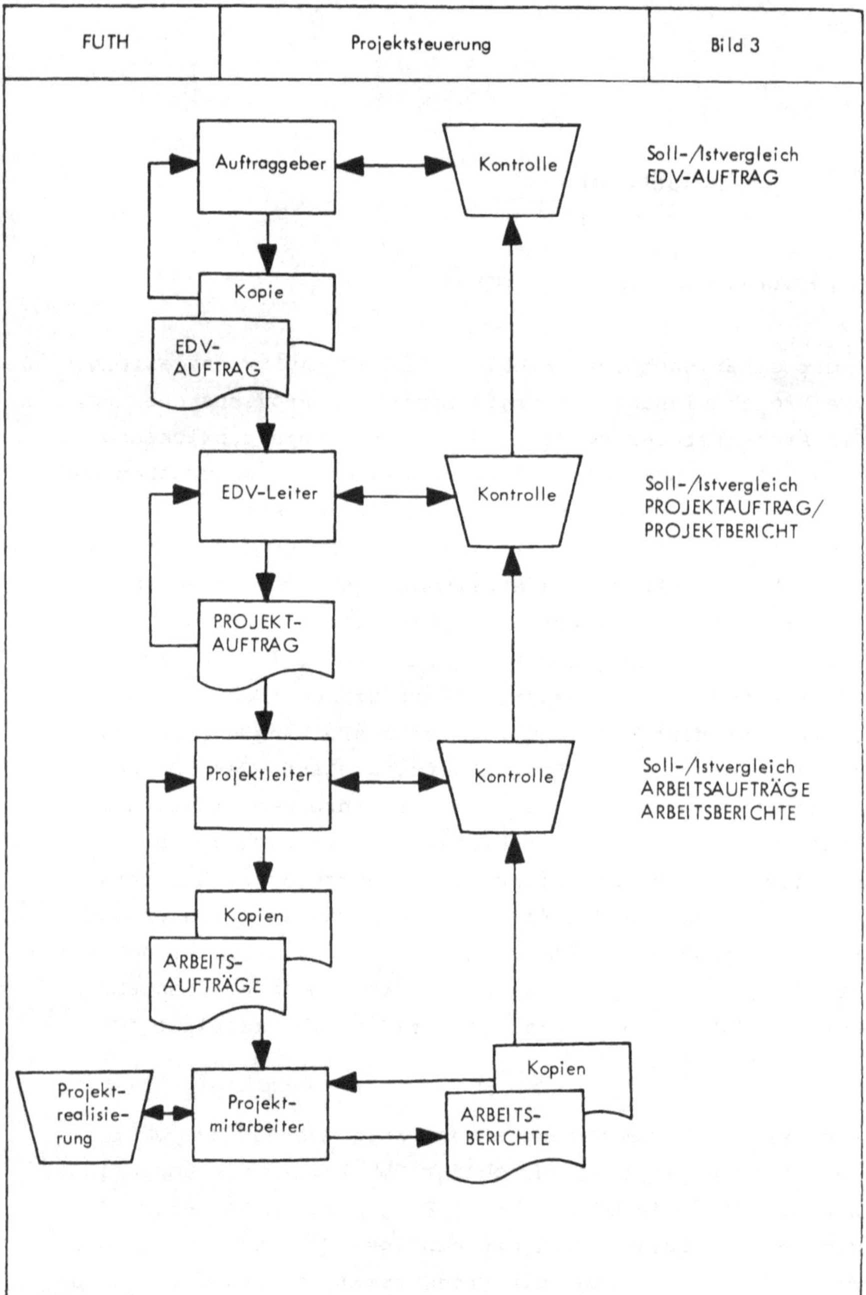
FUTH
Projektsteuerung
Bild 3
Auftraggeber
Kontrolle
Soll-/Istvergleich
EDV-AUFTRAG
Kopie
EDV-
AUFTRAG
EDV-Leiter
Kontrolle
Soll-/Istvergleich
PROJEKTAUFTRAG/
PROJEKTBERICHT
PROJEKT-
AUFTRAG
Projektleiter
Kontrolle
Soll-/Istvergleich
ARBEITSAUFTRÄGE
ARBEITSBERICHTE
Kopien
ARBEITS-
AUFTRÄGE
Projekt-
realisie-
rung
Projekt-
mitarbeiter
Kopien
ARBEITS-
BERICHTE

Fachabteilungen angehören. Die Aktivitäten dieser Mitarbeiter liegen vor allem in den Projektstufen Problemanalyse, Systementwicklung und Systemeinführung. Im allgemeinen wird ein qualifizierter EDV-Organisator die Projektleitung übernehmen, doch ist es auch denkbar, daß ein Mitarbeiter der betroffenen Fachabteilungen oder ein Programmierer zum Projektleiter ernannt wird.

Der Auftrag zur Umstellung eines Projektes innerhalb der EDV-Abteilung wird mit Hilfe des Formulars Projektauftrag (Formular III/03) erteilt. Dieses Formular nimmt zunächst auf der Vorderseite (üblicherweise je Projektstufe, in anderen Fällen aber auch nach Projekttätigkeiten unterteilt) die Solltermine und den geschätzten Zeitaufwand, meist in Mannwochen, auf. Später werden die Isttermine (tatsächlicher Beginn und tatsächliches Ende) und der in den einzelnen Perioden wirklich benötigte Zeitaufwand eingetragen. Termine und Zeitaufwand müssen naturgemäß die Anzahl der je Projektstufe eingesetzten Mitarbeiter berücksichtigen. Nach Abschluß einer Projektstufe werden dann noch die Istsumme und die Abweichung vermerkt. Auf der Rückseite des Formulars sind die vergleichbaren Kostenangaben untergebracht, unterteilt nach Soll- und Istkosten in TDM und aufgegliedert in Personal- und Zusatzkosten (z.B. Kosten der Datenerfassung und der Maschinentests). Bei den Personalkosten ist der Kostensatz je Zeiteinheit (im Beispiel: je Mannwoche) zu ermitteln.

Üblicherweise entsprechen die Solldaten im Projektauftrag den Schätzwerten im EDV-Auftrag, soweit nicht zwischen der Erteilung des EDV-Auftrages und des Projektauftrages neue Schätzwerte vorliegen. Im Gegensatz zum EDV-Auftrag werden die Solldaten im Projektauftrag nicht in Mannmonaten, sondern meist in Mannwochen angegeben. EDV-Leiter und Projektleiter sollten sich einmal wöchentlich zusammensetzen und anhand des Projektauftrages Stand und Fortschritt des Projektes erörtern. Liegen die Istwerte einzelner Projektstufen außerhalb der üblichen bzw. im EDV-Auftrag dokumentierten Toleranzen und können sie im gesamten Projektverlauf nicht mehr ausgeglichen werden, so müssen die Ansätze im EDV-Auftrag nachträglich geändert oder zusätzliche Maßnahmen (z.B. Personalverstärkung, Verzicht auf die Umstellung einzelner Teilgebiete usw.) zur Erreichung des Projektzieles getroffen werden.

FUTH	PROJEKTAUFTRAG	erstellt am: 23.5.75 erstellt durch: Fritzsche
System	Teilsystem	Untersystem
Rechnungswesen	Buchhaltung	Verkaufsabrechnung
Auftrags-Nr.	Auftragsbezeichnung	Projektstufe
074.1.00	Umstellung Verkaufsabrechnung	
Projektleiter: Sammann	Projektmitarbeiter: Schmidt, Zoran, York, Hartwig, Redlich, Bang, Günter	Berichtszeitraum: wöchentlich

Projektstufe / Tätigkeit	Anzahl Mitarbeiter	Solltermin		Isttermin		ZE: MW	Zeitaufwand Ist												Summe Ist	Abweichung
		Anfang	Ende	Anfang	Ende	Summe Soll	6/75	7	8	9	10	11	12	1/76	2	3	4	5		
Problemanalyse	2	2.6.75	8.8.75	9.6.75	19.8.75	20	6	9	5										20	–
Systementwicklung	2	11.8.75	17.10.75	20.8.75		20			3											
Detailorganisation	3	20.10.75	12.12.75			24														
Programmierung	4	5.1.76	17.4.76			60														
Systemeinführung	7	18.5.76	12.6.76			28														
Summe	7	2.6.75	30.6.76			152	6	9	8											

Formular III/03

Projektstufe / Tätigkeit	Sollkosten in TDM					Istkosten in TDM												Summe Ist	Abweichung
	Personalkosten			Zusatzkosten	Gesamtkosten														
	Anzahl ZE	Kostensatz	Betrag			6 75	7	8	9	10	11	12	1 76	2	3	4	5		
Problemanalyse	20	1	20	–	20	6	9	5										20	–
Systementwicklung	20	1	20	–	20			3											
Detailorganisation	24	1	24	–	24														
Programmierung	60	0,8	48	18	66														
Systemeinführung	28	0,9	25,2	6	31,2														
Summe	152		137,2	24	161,2	6	9	8											

3.2 Arbeitsplanung und -kontrolle

Unmittelbar vor Beginn der einzelnen Projektstufen erhalten die Projektmitarbeiter Arbeitsaufträge, und zwar je Projektstufe und Projektmitarbeiter. Im Gegensatz zur Projektplanung werden bei der Planung der Arbeitsaufträge die Solldaten nicht aus dem übergeordneten Projektauftrag abgeleitet, sondern je Projektstufe und Projekttätigkeit einzeln geschätzt. Zum Schätzen dienen einmal die dokumentierten Ergebnisse der vorhergehenden Projektstufe (Beispiel: die Programmvorgaben aus der Detailorganisation für die Schätzung des Programmierzeitaufwandes), zum anderen Zeitschätzverfahren, die wir im folgenden Kapitel erläutern werden. Der geschätzte Zeitaufwand und die daraus, unter Berücksichtigung von Urlaub, Weiterbildung und voraussehbarem Arbeitsausfall ermittelten Anfangs- und Endtermine müssen dann mit den entsprechenden Daten des Projektauftrages abgestimmt werden. Auch hier gilt wieder, daß geeignete Maßnahmen ergriffen werden müssen, wenn die Werte im Arbeitsauftrag außerhalb der Toleranzen des Projektauftrages liegen und nicht in einer anderen Stufe aufgefangen werden können.

Der Arbeitsauftrag (Formular III/04) enthält die einzelnen Tätigkeiten, die vom betreffenden Mitarbeiter für die genannte Projektstufe durchzuführen sind. Die Tätigkeiten selbst werden aus einem Tätigkeitenkatalog abgeleitet, der jedem Kapitel der Projektrealisierung beigefügt ist. Der Projektleiter hat jedoch zu prüfen, ob die im Tätigkeitenkatalog aufgeführten Standardtätigkeiten für den betreffenden Umstellungsfall zutreffen oder geändert bzw. ergänzt werden müssen. Aufgrund der Zeitschätzung wird dann je Tätigkeit oder Tätigkeitsgruppe der geschätzte Zeitaufwand (üblicherweise in Manntagen, seltener in Mannwochen) einschließlich der Anfangs- und Endtermine eingetragen. Soweit zu dem Auftrag Unterlagen gehören, werden sie auf dem Arbeitsauftrag vermerkt.

FUTH	ARBEITSAUFTRAG	erstellt am: 30.5.75 erstellt durch: Grammann
System	Teilsystem	Untersystem
Rechnungswesen	Buchhaltung	Verkaufsabrechnung
Auftrags-Nr.	Auftragsbezeichnung	Projektstufe
074.1.01	Durchführen Problemanalyse	Problemanalyse

Projektmitarbeiter: Schmidt — Anfang: 2.6.75 — Ende: 8.8.75

Lfd. Nr.	Tätigkeit	ZE: MT Anzahl Soll	Solltermine Anfang	 Ende	Bemerkungen
01	Vorbereiten der Problemanalyse	2			
02	Vorbereiten der Analysebogen	5	2.6.75		nur Ablauforganisation
03	Durchführen der Problemanalyse	25			
04	Darstellen der Struktur- und Ablauforganisation	8			
05	Auswerten der Problemanalyse	5		8.8.75	
	Summe	45			

Anlagen / Hinweise: Unterlagen des EDV-Auftrages (Ergebnisse der EDV-Analyse)

Formular III/04

Je Kalenderwoche und bezogen auf einen Arbeitsauftrag hat der Projektmitarbeiter einen Arbeitsbericht (Formular III/05) auszufüllen. Die Angaben im Arbeitsbericht beziehen sich hinsichtlich Tätigkeiten und Zeitaufwand ausschließlich auf das betreffende Umstellungsprojekt. Es ist nicht ratsam, auch die projektunabhängigen Zeiten (Krankheit, Arztbesuch, Betriebsversammlungen usw.) aufzuschreiben, weil es hier ausschließlich um eine Projektüberwachung, nicht dagegen um eine Mitarbeiterdisposition geht. Bei Unterbrechung einer Tätigkeit hält der Mitarbeiter im Arbeitsbericht fest, welchen Zeitaufwand in Tagen er für den Rest der Tätigkeitserledigung veranschlagt. Das Feld "Zusatzkosten in TDM" wird von ihm nicht ausgefüllt. Es dient dazu, die angefallenen Zusatzkosten (für Datenerfassung, Maschinentests usw.) aufzunehmen und wird nachträglich vom Projektleiter ergänzt. Die Bemerkungsspalte und das untere Feld "Anlagen/Hinweise" können vom Mitarbeiter dazu benutzt werden, Hinweise über beigefügte Unterlagen zu geben bzw. Probleme, Verzögerungen, Abweichungen usw. kurz zu erläutern.

FUTH	ARBEITSBERICHT	erstellt am: 16.6.75 erstellt durch: Schmidt
System	Teilsystem	Untersystem
Rechnungswesen	Buchhaltung	Verkaufsabrechnung
Auftrags-Nr.	Auftragsbezeichnung	Projektstufe
074.1.01	Durchführen Problemanalyse	Problemanalyse

Projektleiter: Grammann — Woche-Nr.: 24 vom: 9.6. bis: 13.6.75

Lfd. Nr.	Tätigkeit	Tag	Ist-Std.	Ist-Tage	Erwarteter Rest in Tg.	Zusatzkosten in TDM	Bemerkungen
01	Vorbereiten der Problemanalyse	9.6.	8				
	"	10.6.	6	1,8	–		
02	Vorbereiten der Analysebogen	11.6.	8				
	"	12.6.	8				
	"	13.6.	8	3	3		
	Summe		38	4,8	3		

Anlagen / Hinweise:

keine

Formular III/05

3.3 Zeitschätzung von Organisations- und Programmierungsarbeiten

Die Zeitschätzung dient dazu, bei der Planung von Organisations- und Programmierungsarbeiten zu einigermaßen verläßlichen Vorgabewerten zu gelangen. Voraussetzung für jede Zeitschätzung ist jedoch, daß

- die Ergebnisse der vorhergehenden Projektstufe ausreichend dokumentiert sind
- die Zeitschätzung unabhängig von mindestens zwei erfahrenen Fachkräften vorgenommen wird und
- durch laufende Soll-/Istvergleiche Erfahrungen für künftige Schätzungen gewonnen werden.

Nur unter diesen Voraussetzungen ist es möglich, Zeitschätzverfahren als Hilfsmittel für die Schätzung von Organisations- und Programmierungsarbeiten nutzbringend anzuwenden.

Bei der Schätzung von Zeiten für <u>Organisationsarbeiten</u> geht man zweckmäßigerweise so vor, daß Projektleiter und Projektmitarbeiter zunächst die zu lösende Aufgabe analysieren. Hierzu dient je Projektstufe der bereits erwähnte Tätigkeitenkatalog. Für den Einzelfall ist zu prüfen, welche der aufgeführten Standardtätigkeiten in Frage kommen und welche Tätigkeiten zusätzlich anfallen. Aufgrund von Erfahrungen wird dann der Zeitaufwand je Projekttätigkeit geschätzt. Bei der Schätzung sind folgende Faktoren besonders zu berücksichtigen:

- die Qualität der Ergebnisse und Unterlagen des Istzustandes bzw. der vorhergehenden Projektstufe
- der Umfang und Schwierigkeitsgrad der Tätigkeiten und
- die Qualifikation der eingesetzten Projektmitarbeiter im Hinblick auf den betreffenden Anwendungsfall.

Nur mit Hilfe dieser Vorgehensweise, nämlich Zerlegung in einzelne Tätigkeiten, Berücksichtigung von Einflußgrößen und Anwendung von Schätzerfahrungen, wird es möglich sein, zu halbwegs realistischen Ansatzwerten zu gelangen.

Auch die Zeitschätzung von Programmierungsarbeiten begründet sich in erster Linie auf den Erfahrungen der Schätzpersonen, im allgemeinen Projektleiter oder Chefprogrammierer. Zusätzliche Voraussetzung ist die Vorlage einer vollständigen, klar formulierten Programmvorgabe. Die Zeitschätzung selbst wird mit Hilfe der beiden Formulare Zeitschätzung Programmierung I (Formular III/06) und Zeitschätzung Programmierung II (Formular III/07) durchgeführt. Das Zeitschätzverfahren läuft in zwei Schritten ab:

1. Ermitteln der Codierzeit durch Auflösung der Programmvorgabe in einzelne, normierte Programmelemente und Eintragen in das Formular I (III/06)
2. Schätzen des übrigen Zeitaufwandes der Programmierung als Prozentsatz der Codierzeit und Eintragen in das Formular II (III/07).

Die Faktoren für die Ermittlung der Codierzeit sind aus den Unterlagen der Programmvorgabe (z.B. Anzahl der Dateien) zu entnehmen. Sie werden jeweils mit der Konstanten k multipliziert. Die Zwischenergebnisse werden addiert und ergeben die Codierzeit je Programmelement. Für die Konstante k sind im Formular jeweils Zeitfaktoren eingesetzt, die aufgrund langjähriger Erfahrungen gewonnen wurden. Sollte der Benutzer für den Einzelfall andere Faktoren für wirklichkeitsnaher halten, so kann er diese (an dem dazu vorgesehenen Platz) eintragen. In gleicher Weise ist mit den auf dem zweiten Formular genannten Prozentsätzen (im Verhältnis zur Codierzeit) zu verfahren. Auch hier hat der Benutzer die Möglichkeit, eigene Erfahrungssätze zu verwenden.

Mit dem auf diese Weise geschätzten Zeitbedarf werden andere Faktoren multipliziert, die die Qualifikation des eingesetzten Programmierers, die Kenntnis des verwendeten Betriebssystems und die geschätzten Verlustzeiten berücksichtigen.

Die Schätzung des Zeitaufwands für die Codierung wird in drei Abschnitte unterteilt:

1. Dateidefinitionen
   Hier wird der Zeitbedarf ermittelt, der für die Codierung der Dateispezifikationen und zur Definition der einzelnen Datenelemente benötigt wird; in der COBOL-Programmierung vergleichbar mit dem Zeitaufwand zur Erstellung der DATA-DIVISION.

2. Programmstruktur

   Die Programmstruktur eines Programms wird bestimmt durch die Anzahl der Eingabedateien, die Anzahl der Gruppenstufen und die Anzahl der Unterprogramme in der Einzelverarbeitung, die wiederum von der Anzahl der Eingabesatzarten abhängt. Durch diese Faktoren wird der Zeitbedarf für die Codierung ebenfalls wesentlich beeinflußt.

3. Instruktionen

   Der Hauptanteil der Codierzeit wird jedoch durch die Anzahl der zu codierenden Instruktionen bestimmt. Da diese naturgemäß zu diesem Zeitpunkt nicht bekannt sind, muß auf entsprechende Schätzungen - auf der Basis der Programmvorgabe - zurückgegriffen werden. Dies bedeutet, daß die Bearbeitungsschritte (meist zu Gruppen zusammengefaßt) als zu programmierende Funktionen in der Vorgabe enthalten sein müssen. Diese Funktionen sind zu zählen und nach Schwierigkeitsgraden zu klassifizieren. Je nach Schwierigkeitsgrad erfolgt dann die Bewertung mit einem entsprechenden Faktor.

FUTH	ZEITSCHÄTZUNG PROGRAMMIERUNG I	erstellt am: 22.12.75 erstellt durch: Gaumann	01
System	Teilsystem	Untersystem	
Rechnungswesen	Buchhaltung	Verkaufsabrechnung	
Auftrags-Nr.	Auftragsbezeichnung	Projektstufe	
074.1.08	Programmieren Eingabeprogramm	Programmierung	

	Programmelemente	Wert	Codierzeit in Stunden = n x k	Summe in Stunden
1. Dateidefinitionen	1.1 Anzahl der Dateien (= Dateispezifikation)	n = 5 k = (0,15)	0,75	
	1.2 Anzahl der Datenelemente aller Dateien	n = 108 k = (0,02)	2,16	
	1.3 Tabellen, Summen aller Stufen	n = k = (0,1)		
	1.4 Anzahl der zu definierenden Tabellenwerte	n = k = (0,02)		S1 = 2,91
2. Programmstruktur	2.1 Anzahl der Eingabedateien	n = 3 k = (0,25)	0,75	
	2.2 Anzahl der Gruppenstufen	n = 2 k = (0,25)	0,50	
	2.3 Anzahl der unterschiedlich zu verarbeitenden Satzarten	n = 6 k = (0,1)	0,60	1,85 + 0,50 S2 = 2,35
3. Instruktionen	3.1 Anzahl der sequentiellen E/A-Operationen	n = 9 k = (0,15)	1,35	
	3.2 Anzahl der E/A-Operationen im Direktzugriff	n = 7 k = (0,25)	1,75	
	3.3 Anzahl der Tabellenzugriffe	n = k = (0,30)		
	3.4 Anzahl der Tabellenzyklen	n = k = (0,50)		
	3.5 Anzahl der Funktionen, unterteilt nach 3 Schwierigkeitsgraden	n = 12 k = (0,1) n = 42 k = (0,25) n = k = (0,50)	1,20 10,50	S3 = 14,80

Formular III/06

FUTH	ZEITSCHÄTZUNG PROGRAMMIERUNG II	erstellt am: 22.12.75 erstellt durch: Gaumann	02
System	Teilsystem	Untersystem	
Rechnungswesen	Buchhaltung	Verkaufsabrechnung	
Auftrags-Nr.	Auftragsbezeichnung	Projektstufe	
074.1.08	Programmieren Eingabeprogramm	Programmierung	

S1 +	S2 +	S3 =	Summe Codierzeit in Stunden
2,91	2,35	14,80	~ 20,00

Programmiertätigkeit	%Satz von Summe Codierzeit in Stunden: Standard %Satz	eigener %Satz	Programmierzeit in Stunden (= %Satz von Su. Codierzeit)
Analyse der Programmvorgabe	10%		2,00
Entwurf des Programmablaufs	80%		16,00
Codieren – problemorientiert = S1 + S2 + S3	100%		20,00
Codieren – maschinenorientiert	140%		./.
Erstellen Testdaten	-	15%	3,00
Programmtests – problemorientiert	50%		10,00
Programmtests – maschinenorientiert	90%		./.
Ausarbeiten der Dokumentation	20%		4,00
Programmeinführung (Starthilfe)	10%		2,00
		Summe S4 =	57,00

Zuschlagsart	%Satz lt. Tabelle von Summe S4	Zuschlagszeit in Stunden
Programmiererkenntnis (= Wert X)	20 %	11,40
Systemerfahrung (= Wert Y)	10 %	5,70
Verlustzeit (= Wert Z)	10 %	5,70
	Summe S5 =	22,80

S4 +	S5 =	Gesamtzeit Programmierung in Stunden
57,00	22,80	~ 80,00

Formular III/07

Die Summe aller Produkte in diesem Abschnitt bildet den geschätzten Zeitbedarf für den Verarbeitungsteil.

Ausfüllanleitung ZEITSCHÄTZUNG PROGRAMMIERUNG I

Das Formular ist in die drei Blöcke

1. Dateidefinitionen,
2. Programmstruktur und
3. Instruktionen

gegliedert. Jede Zeile ist in vier Spalten aufgeteilt mit

- Wert: (= Anzahl Programmelemente n und Konstante k als Zeitfaktor in Codierstunden je einzelnes Programmelement; der vorgedruckte Satz ist ein auf Erfahrungswerten aufbauender Satz, jedoch kann auch ein eigener Satz verwendet werden)
- Codierzeit in Stunden: (= Produkt aus n x k)
- Summe in Stunden: (= Summe der Codierzeit in Stunden je Block).

Block 1. Dateidefinitionen

1.1 Anzahl der Dateien (Dateispezifikationen)
(= Codierzeit für Dateispezifikationen)
n = Anzahl aller im Programm zu definierenden Dateien
k = (0,15), Codierzeit für eine Dateispezifikation,
in COBOL: SELECT-Zeilen, FD-Eintragung ohne Satzdefinition
in ASS. : DTF

1.2 Anzahl der Datenelemente aller Dateien
(= Codierzeit aller Datenfelddefinitionen)
n = Anzahl der Datenfelder, den Satzaufbauten zu entnehmen (für Druckdateien gilt n = Anzahl der Druckfelder x 2)
k = (0,02), entsprechend der Codierleistung von 50 Definitionen je Stunde

1.3 Tabellen, Summen aller Stufen
(= Zeit zur Definition der Tabellen selbst, nicht der Tabellenwerte)
n = Anzahl Stufen aller im Programm zu definierenden Tabellen
k = (0,1), Codierzeit je Tabellenstufe

1.4 Anzahl der zu definierenden Tabellenwerte
(= Codierzeit für einzelne Tabellenwerte = Felder)
n = Anzahl der Einzelfelder aller mit Werten zu definierenden Tabellen
k = (0,02), entsprechend der Codierleistung von 50 Definitionen je Stunde
S1= Summe der Codierzeit in Stunden, aus 1.1 bis 1.4

Block 2. Programmstruktur

2.1 Anzahl der Eingabedateien
(= Codierzeit zum Aufrufen der Unterprogramme für Lesen, Dateiauswahl und Einzelverarbeitung)
n = Anzahl der Eingabedateien
k = (0,25), Zeitfaktor je Eingabedatei zum Erstellen der Programmstruktur

2.2 Anzahl der Gruppenstufen
(= Codierzeit zum Aufrufen der Unterprogramme für Gruppenwechsel)
n = Anzahl der Gruppenstufen
k = (0,25), Zeitfaktor je Gruppenstufe zum Erstellen der Programmstruktur

2.3 Anzahl der unterschiedlich zu verarbeitenden Satzarten
(= Codierzeit zum Aufrufen der Unterprogramme zur Verarbeitung der Satzarten)
n = Anzahl Satzarten aller Eingabedateien, für die unterschiedliche Verarbeitungsvorschriften gelten

k = (0,1), Zeitfaktor je Satzart zum Erstellen der Programmstruktur

S2= Summe der Codierzeiten in Stunden aus 2.1 bis 2.3, plus 0,5 Std. als Zuschlag für Grundzeit, unabhängig von den Einflußfaktoren der Programmstruktur

Block 3. Instruktionen

3.1 Anzahl der sequentiellen E/A-Operationen

(= Codierzeit für Ein-/Ausgabe-Instruktionen)

n = Anzahl aller zu codierenden Instruktionen zum Lesen und Schreiben der sequentiellen Dateien, zusätzlich der OPEN- und CLOSE-Instruktionen

k = (0,15), Zeitfaktor je Ein-/Ausgabe-Instruktion

3.2 Anzahl der E/A-Operationen in Direktzugriff

(= Codierzeit für Ein-/Ausgabe-Instruktionen)

n = Anzahl aller zu codierenden Instruktionen zum Lesen und Schreiben nicht-sequentieller Dateien, zusätzlich der OPEN- und CLOSE-Instruktionen

k = (0,25), Zeitfaktor je Ein-/Ausgabe-Instruktion

3.3 Anzahl der Tabellenzugriffe

(= Codierzeit zum Aufsuchen von Tabellenplätzen)

n = Anzahl der zu codierenden Tabellenzugriffe

k = (0,30), Zeitfaktor je Tabellenzugriff

3.4 Anzahl der Tabellenzyklen

(= Codierzeit für das zyklische Bearbeiten von Tabellen)

n = Anzahl der Tabellenzyklen

k = (0,50), Zeitfaktor je Tabellenzyklus

3.5 Anzahl der Funktionen, unterteilt nach 3 Schwierigkeitsgraden

(= Codierzeit für alle restlichen Programmfunktionen, d.h. Bedingungen oder Aktionen)

n = Anzahl der Funktionen der Schwierigkeitsgrade 1 (1), 2 (2) oder 3 (3)
k = (0,1), Zeitfaktor für Schwierigkeitsgrad 1
= (0,25), Zeitfaktor für Schwierigkeitsgrad 2
= (0,50), Zeitfaktor für Schwierigkeitsgrad 3
S3= Summe der Codierzeiten in Stunden aus 3.1 bis 3.5

Ausfüllanleitung ZEITSCHÄTZUNG PROGRAMMIERUNG II

- Summe Codierzeit in Stunden: (= Summe S1 + S2 + S3)

- Programmiertätigkeit: (= je Zeile eine Programmiertätigkeit, unterteilt nach
  - Analyse der Programmvorgabe
  - Entwurf des Programmablaufs
  - Codieren, unterteilt nach problem- und maschinenorientierter Programmsprache
  - Erstellen Testdaten für Programmtest
  - Programmtests, unterteilt nach problem- und maschinenorientierter Programmsprache
  - Ausarbeiten Dokumentation
  - Programmeinführung (Starthilfe)

- %-Satz von Summe Codierzeit in Stunden: (= Verwendung der Erfahrungs-Standardsätze in der linken Spalte oder Eintragung eigener Prozentsätze in der rechten Spalte; für das Erstellen der Daten für Programmtests muß in jedem Falle je Zeitschätzung ein individueller Prozentsatz, in Abhängigkeit vom Umfang und Schwierigkeitsgrad der Testdaten, eingetragen werden)

- Programmierzeit in Stunden: (= Anzahl Stunden je Programmiertätigkeit, errechnet aus %-Satz und Summe Codierzeit in Stunden; bei den Programmiertätigkeiten "Codieren" und "Programmtests" ist alternativ der %-Satz für problemorientierte bzw. maschinenorientierte Programmsprache zu wählen)

- Summe S4: (= Programmierzeit in Stunden aus allen Programmiertätigkeiten)

- Zuschlagsart: (= Zuschläge zur Summe S4 hinsichtlich Erfahrung und Qualifikation des betreffenden Programmierers (Wert X), seiner Kenntnis im betreffenden Betriebssystem (Wert Y) und der sonstigen Verlustzeiten (Wert Z))

- %-Satz lt. Tabelle von Summe S4: (= %-Satz lt. nachfolgender Tabelle, als Erfahrungsstandard oder nach eigener Wahl)

Programmierkenntnis (Wert X)

Standard %-Satz	Erläuterungen
0 - 30 %	sehr gute Kenntnisse (Senior-Programmierer)
31 - 100 %	gute Kenntnisse (guter Programmierer)
101 - 200 %	mäßige Kenntnisse (Junior-Programmierer)
201 - 300 %	nur Grundkenntnisse (Programmierer in Ausbildung)

Systemerfahrung (Wert Y)

Standard %-Satz	Erläuterungen
0 %	sehr gute Systemerfahrungen
1 - 20 %	gute Systemerfahrungen
21 - 40 %	mäßige Systemerfahrungen
41 - 70 %	nur Grundkenntnisse

Verlustzeiten (Wert Z)

Standard %-Satz	Erläuterungen
5 - 25 %	Die Verlustzeiten bewegen sich in der Regel zwischen 5 und 25 % der unter S4 ermittelten Stundenzahl und werden

hauptsächlich hervorgerufen durch Personalwechsel, Wartezeiten, Zeit für Berichterstattung, Programmänderungen usw.

- Zuschlagszeit in Stunden: (= Anzahl Stunden je Zuschlagsart, errechnet aus %-Satz und Summe S4)

- Summe S5: (= Summe aller Zuschlagsarten)

- Gesamtzeit Programmierung in Std.: (= Summen S4 + S5)

4. Projektrealisierung

4.1 Problemanalyse

4.11 Aufgaben der Problemanalyse

Die Problemanalyse ist der erste Schritt bei der Umstellung eines Arbeitsgebietes auf die EDV. Denn bevor ein neues EDV-System entwickelt werden kann, müssen alle sachlichen Tatbestände des Arbeitsgebietes, alle geplanten sachlichen Änderungen und alle Anforderungen an das neue System ermittelt und schriftlich festgelegt werden.

Der sachbezogenen Untersuchung des Istzustandes folgt die Kontrolle der ermittelten Ergebnisse. Bild 4 zeigt eine schaubildliche Übersicht über die Aufgaben bei der Problemanalyse, und in Bild 5 ist der Tätigkeitenkatalog der Problemanalyse dargestellt.

4.12 Planung der Problemanalyse

Zu den Planungs- und Vorbereitungsarbeiten für die Durchführung der Problemanalyse gehören (entsprechend den Angaben im Tätigkeitenkatalog):

- das Festlegen der zu untersuchenden Stellen,
- das Festlegen der Untersuchungsmethoden,
- das Festlegen der Untersuchungstermine und
- das Vorbereiten der Problemanalyse.

Die zu untersuchenden Stellen sind in erster Linie naturgemäß die von der Umstellung betroffenen Fachabteilungen.

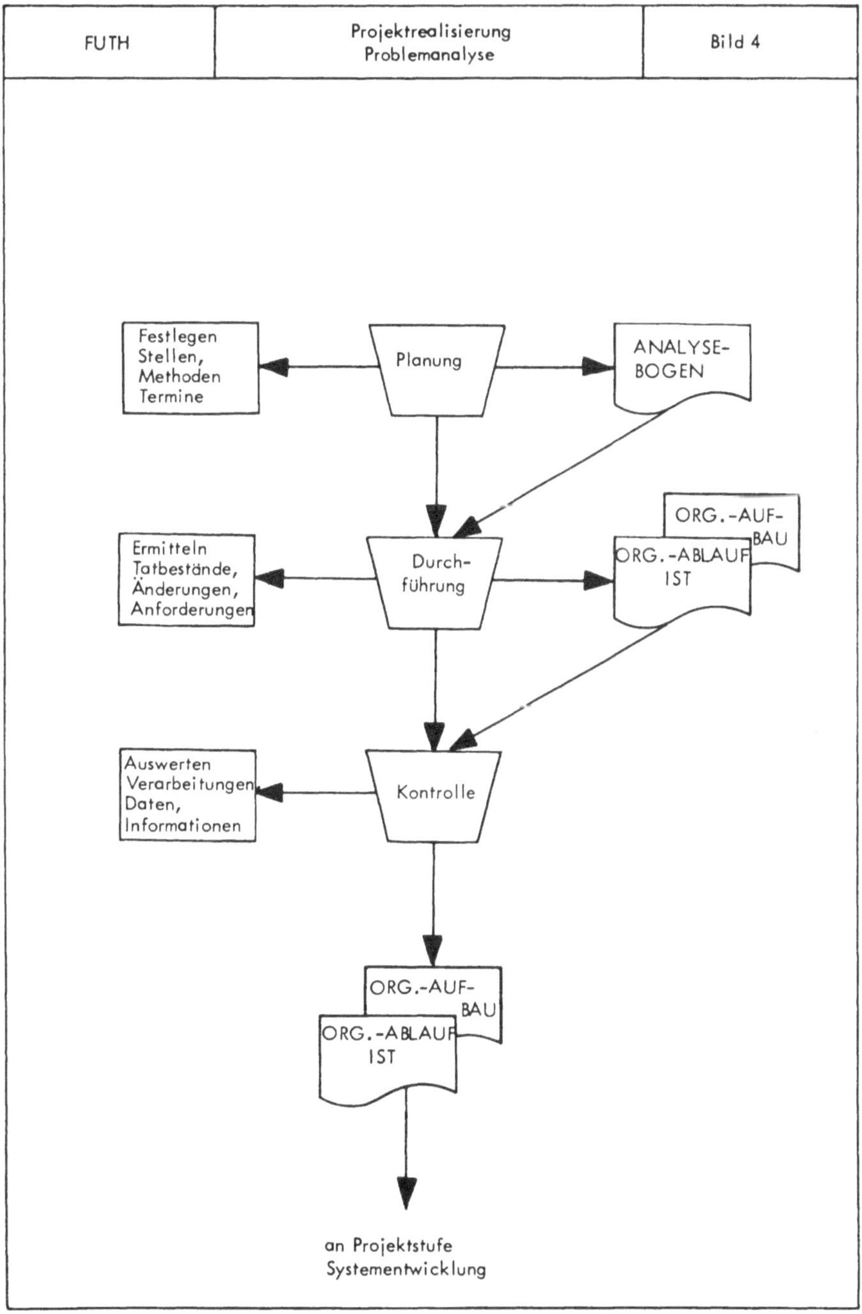
FUTH
Projektrealisierung
Problemanalyse
Bild 4
Festlegen
Stellen,
Methoden
Termine
Planung
ANALYSE-
BOGEN
Ermitteln
Tatbestände,
Änderungen,
Anforderungen
Durch-
führung
ORG.-AUF-
BAU
ORG.-ABLAUF
IST
Auswerten
Verarbeitungen,
Daten,
Informationen
Kontrolle
ORG.-AUF-
BAU
ORG.-ABLAUF
IST
an Projektstufe
Systementwicklung

FUTH	Tätigkeitenkatalog Problemanalyse	Bild 5

Tätigkeiten	Hilfsmittel
Festlegen der zu untersuchenden Stellen	
Festlegen der Untersuchungsmethoden	
Festlegen der Untersuchungstermine	
Vorbereiten der Problemanalyse	ANALYSEBOGEN Problemanalyse
Darstellen der Strukturorganisation	ORGANISATIONSAUFBAU
Darstellen der Ablauforganisation	ORGANISATIONSABLAUF IST
Kontrollieren der Problemanalyse	

Darüber hinaus müssen aber auch die benachbarten Fachabteilungen in die Untersuchungen einbezogen werden, von denen Belege und Informationen kommen bzw. an die Belege und Informationen gehen. Handelt es sich z.B. um die Umstellung der Lohnabrechnung, so ist nicht nur der Arbeitsablauf in der Abteilung Lohnbuchhaltung zu untersuchen, sondern es sind auch die vor- und nachgelagerten Stellen in die Untersuchung einzubeziehen, also die Fertigung, in der die Lohnbelege ausgefüllt werden, und die Kostenrechnung, an die die Lohnbelege zur Kostenverrechnung weitergehen.

Was die Untersuchungsmethoden angeht, so kann nicht generell festgelegt werden, welche Methode für den Einzelfall zu bevorzugen ist. Im allgemeinen wählt der EDV-Organisator jedoch bei der Untersuchung von Arbeitsabläufen für die EDV-Umstellung eine Kombination von Interviewmethode (Befragung der innerhalb des Arbeitsablaufes tätigen Personen) und Round-Table-Gespräch (abschließende Überprüfung der Untersuchungsergebnisse durch ein Gespräch mit einer größeren Gruppe).

Bei der Festlegung der Untersuchungstermine ist vor allem auf die richtige Reihenfolge der Untersuchungen und auf den benötigten Zeitaufwand zu achten. Allgemein gilt, daß zuerst die betreffende Fachabteilung untersucht wird und daran anschließend die benachbarten Abteilungen. Die Untersuchung des Organisationsaufbaus liegt vor der Untersuchung des Arbeitsablaufs, und die Zusammenhänge des gegenwärtigen Arbeitsablaufs werden vor der Ermittlung seiner Einzelheiten erforscht.

Die wichtigste und zugleich aufwendigste Arbeit innerhalb der Planungsarbeiten für die Problemanalyse ist das Vorbereiten der Analysebogen. Analysebogen sind Frage-/Antwortbogen und dienen als bewährtes Hilfsmittel für die Untersuchung (Analyse) von Tatbeständen und Merkmalen. Sie sind für jedwede Untersuchung innerhalb der gesamten Projektrealisierung geeignet. Bevor also die Untersuchung der Tatbestände, Änderungen und Erwartungen beginnen kann, bereitet sich der EDV-Organisator auf diese Arbeit in der Weise vor, daß er prüft, welche der im jeweiligen Standard-Analysebogen aufgeführten Fragen für seinen Anwendungsfall zutreffen und ob er weitere Fragen hinzufügen muß. Dieser so für den Einzelfall angepaßte Analysebogen dient ihm bei seiner Untersuchung als Hilfsmittel. Während der Ermittlung trägt er die, durch Befragung, Prüfung, Messung usw. ermittelten Ergebnisse als Antworten in den Analysebogen ein. Soweit sich später während der Untersuchung weitere Fragen ergeben, kann er diese hinzufügen. Das Muster eines Analysebogens, mit Antwortbeispielen versehen, zeigt Formular Nr. III/08. Es sei angemerkt, daß sich dieses Formular nur in seinen Fragen, nicht dagegen in seiner Gestaltung von den Analysebogen unterscheidet, die an anderen Stellen der Projektrealisierung verwendet werden.

FUTH	ANALYSEBOGEN	erstellt am: 5.6.75 erstellt durch: Schmidt	1/2
System	Teilsystem	Untersystem	
Rechnungswesen	Buchhaltung	Verkaufsabrechnung	
Auftrags-Nr.	Auftragsbezeichnung	Projektstufe	
074.1.01	Durchführen Problemanalyse	Problemanalyse	

Fragen	Antworten
1. Welche Stellen sind von der Umstellung unmittelbar betroffen?	Abteilung Buchhaltung
2. Welche benachbarten Stellen müssen untersucht werden?	Versand, Lager, Verkauf
3. Wie sind diese Stellen in den Organisationsaufbau eingeordnet?	Verkaufsabrechnung = Buchhaltung Verkauf = Vertrieb Versand = Materialbereich Lager = "
4. Sind gültige Organisationspläne vorhanden?	nein
5. Sind Änderungen in der Stellenhierarchie geplant?	nein
6. Welche Tätigkeiten/Tätigkeitsgruppen fallen je Periode an?	01) Auftragsprüfung = täglich 02) Verfügbarkeitsprüfung = " 03) Bestellsatz ausfüllen = " 04) Karteiführung = " 05) Fakturierung = wöchentlich 06) Gewinnung von Verkaufsinform. = monatlich

Formular III/08

Fragen	Antworten
7. Wie viele Personen sind je Tätigkeit mit welchem Zeitaufwand beschäftigt?	01) 5 Personen, zus. 100 Std/Mon. 02) 2 " , " 40 " " 03) 5 " , " 60 " " 04) 5 " , " 20 " " 05) 4 " , " 80 " " 06) 3 " , " 100 " "
8. Welche Arbeitsspitzen treten je Tätigkeit auf?	01) bis 04) in der 2. Dekade 06) am Monatsanfang
9. Welche Belege gehen von welcher Abteilung, in welcher Menge und mit welchen künftigen Mengenerwartungen ein?	01) Kunden-Aufträge, ca. 300 täglich, mit erwartetem Anstieg auf ca. 500 täglich 05) Versandmeldungen vom Versand ca. 300 täglich, mit erwartetem Anstieg auf ca. 500 täglich
10. Welche Karteien mit welchem Datenbestand und welcher erwarteten Bestandsmenge werden geführt?	01) Kundenkartei, nach Kunden geordnet, ca. 3.800 Kunden, mit erwartetem Anstieg auf ca. 4000 Kunden 02) Lagerkartei, nach Artikeln geordnet, ca. 2.500 Artikel, mit erwartetem Anstieg auf ca. 3.000 Artikel

FUTH	ANALYSEBOGEN	erstellt am: 5.6.75 erstellt durch: Schmidt	2/2
System	Teilsystem	Untersystem	
Rechnungswesen	Buchhaltung	Verkaufsabrechnung	
Auftrags-Nr.	Auftragsbezeichnung	Projektstufe	
074.1.01	Durchführen Problemanalyse	Problemanalyse	

Fragen	Antworten
11. Welche Belege gehen an welche Abteilung, in welcher Menge und mit welchen künftigen Mengenerwartungen?	01) fehlerhafte Aufträge an Kunden, ca. 20 täglich, mit erwartetem Anstieg auf ca. 40 täglich 02) nicht lieferbare Aufträge an Kunden, ca. 10 täglich, mit erwartetem Anstieg auf ca. 20 täglich 03) Bestellsätze an Lager, ca. 300 täglich mit erwartetem Anstieg auf ca. 500 täglich 05) Rechnungen an Kunden (Original) und Buchhaltung (1. Kopie), ca. 1.500 wöchentlich, mit erwartetem Anstieg auf ca. 2500 wöchentlich 06) Verkaufsstatistik an Verkaufsabteilungen, ca. 20 Seiten monatlich
12. Welche sachbezogenen Änderungen sind geplant oder werden erwartet?	02) Änderung in der Zusammensetzung des Artikelsortiments (Zunahme qualitativ höherwertiger Artikel) 05) Änderungen in der Kundenstruktur (Verschiebung zugunsten Kleinabnehmer)

Formular III/08

Fragen	Antworten
13. Welche Anforderungen werden an das neue EDV-System gestellt?	01) Schaffung einer eindeutigen Kunden- u. Artikel-Nr. 02) maschinelle Verfügbarkeitsrechnung 03) maschinelle Auftragsbestätigungen 04) maschinelle Dateiführung 05) maschinelle Fakturierung (täglich) 06) detailliertere und schnellere Verkaufsinformationen
14. Sind die gestellten Anforderungen technisch durchführbar, organisatorisch zweckmäßig und wirtschaftlich?	ja, ohne Ausnahme

4.13 Durchführung der Problemanalyse

Jedes Organisationssystem läßt sich in die beiden Merkmale Strukturorganisation (Stellengliederung) und Ablauforganisation (zeitlicher Ablauf der Arbeitsgänge einschließlich der verwendeten Hilfsmittel) zerlegen. Beide Teilgebiete müssen bei der EDV-Umstellung eines Arbeitsgebietes untersucht werden, obwohl der Ablauforganisation naturgemäß die Hauptbedeutung zukommt, weil den EDV-Organisator in erster Linie die Einzelheiten des Datenflusses und Arbeitsablaufs unabhängig von der bestehenden Strukturorganisation interessieren. Erst danach sind die Merkmale der Stellengliederung zu berücksichtigen, wobei zu ermitteln ist, wer welche Daten und Belege erhält, Daten bearbeitet und Auswertungen bekommt.

Aus dem Obengesagten geht hervor, daß sich der Untersuchungsgegenstand der Problemanalyse hauptsächlich auf das Was, also auf die Tatbestände und die geplanten oder erwarteten Änderungen, und weniger auf das Wie, also auf die Methoden des gegenwärtigen Arbeitsablaufs, erstreckt. Denn nicht die Methoden, nach denen beispielsweise gegenwärtig die Aufträge angenommen, geprüft, verdichtet und ausgewertet werden, stehen hier im Vordergrund der Untersuchung, sondern die Datenmengen, ihr zeitlicher Anfall, ihre Bearbeitungsregeln und ihre Informationsauswertung, wie sie für die Gestaltung des neuen Systems berücksichtigt werden müssen. Die gegenwärtig praktizierten Arbeitsmethoden sind nur insoweit zu untersuchen, als sie zu Erkenntnissen hinsichtlich der Tatbestände beitragen können.

Die Tatbestände des Istzustands und die erwarteten Änderungen sind durch die Formulierung von Anforderungen, die an das neue System gestellt werden, zu ergänzen. Hierbei handelt es sich sowohl um außerbetriebliche Anforderungen (Gesetze, Vorschriften, Tarife usw.) als auch um betriebliche Anforderungen von seiten der Fachabteilungen und der EDV-Abteilung. Alle Anforderungen müssen jedoch auf ihre technische Durchführbarkeit, ihre Zweckmäßigkeit und ihre

Wirtschaftlichkeit hin überprüft werden und dürfen nicht etwa Illusionen entsprechen.

Die bei der Durchführung der Problemanalyse ermittelten Ergebnisse werden, getrennt nach Struktur- und Ablauforganisation, auf den beiden Formularen Organisationsaufbau (Formular III/09) und Organisationsablauf Ist (Formular III/1o)* dargestellt. In beiden Fällen sind die gegenwärtigen Tatbestände, die geplanten oder erwarteten Änderungen und die an das geplante System bzw. von dem System gestellten Anforderungen zu berücksichtigen.

FUTH	ORGANISATIONSAUFBAU	erstellt am: 31.7.75 erstellt durch: Schmidt
System	Teilsystem	Untersystem
Rechnungswesen	Buchhaltung	Verkaufsabrechnung
Auftrags-Nr.	Auftragsbezeichnung	Projektstufe
074.1.01	Durchführen Problemanalyse	Problemanalyse

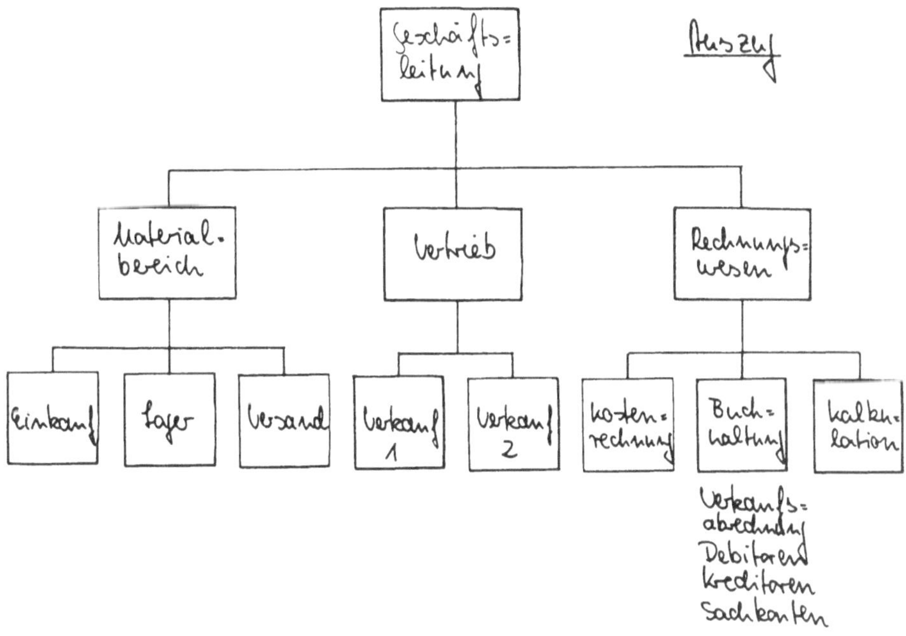

Geplante Änderungen: keine

Formular III/09

4.14 Kontrolle der Problemanalyse

Der Durchführung der Problemanalyse und der Darstellung ihrer Ergebnisse muß die Kontrolle des ermittelten und dokumentierten Materials folgen. In erster Linie handelt es sich bei dieser Arbeit darum festzustellen, welche Verarbeitungen durchzuführen sind, welche Daten zu verarbeiten sind und welche Informationen gefordert werden.

Aufbauend auf den ermittelten Tatbeständen, unter Berücksichtigung geplanter oder erwarteter Änderungen und unter Einbeziehung organisatorisch, technisch und wirtschaftlich begründeter Anforderungen, werden die beteiligten EDV-Organisatoren erste Vorstellungen über die Gestaltung des zukünftigen Systems entwickeln.

4.2 Systementwicklung

4.21 Aufgaben der Systementwicklung

Die Systementwicklung ist als der wichtigste und zugleich schwierigste Schritt der Projektrealisierung anzusehen. Er steht im Mittelpunkt der gesamten Umstellungsarbeiten. Denn während die Problemanalyse Tatbestände, Änderungen und Anforderungen für die Entwicklung des neuen Systems ermittelt und festlegt, dienen die nachfolgenden Stufen der Detailorganisation und Programmierung lediglich dazu, das entwickelte System organisatorisch und programmtechnisch zu übersetzen.

Die Bedeutung der Systementwicklung ist auch daran zu messen, daß hier nicht nur das zukünftige EDV-System entwickelt wird, sondern daß auch die betriebswirtschaftlichen und organisatorischen Grundlagen des neuen Systems festgelegt werden müssen. Es muß daher als höchster Grundsatz jeder EDV-Umstellung gelten, daß zunächst eine klare und moderne sachlich-organisatorische Konzeption erarbeitet wird, bevor die EDV-Lösung selbst entwickelt und dieser Konzeption angepaßt wird. Diese Vorgehensweise wird auch dadurch ausgedrückt, daß bei der Problemanalyse nicht nur die gegenwärtigen Tatbestände und die geplanten oder erwarteten Änderungen ermittelt, sondern auch die künftigen betriebswirtschaftlichen, organisatorischen und EDV-mäßigen Anforderungen an das neue System festgelegt werden.

Die Systementwicklung besteht aus den Planungsarbeiten, dem Entwurf der sachlich-organisatorischen Konzeption, der Entwicklung des neuen EDV-Systems, der Festlegung der neuen Soll-Organisation und den Kontrollaufgaben. Bild 6 zeigt eine Übersicht über die Aufgaben innerhalb der Systementwicklung, und in Bild 7 ist der Tätigkeitenkatalog der Systementwicklung dargestellt.

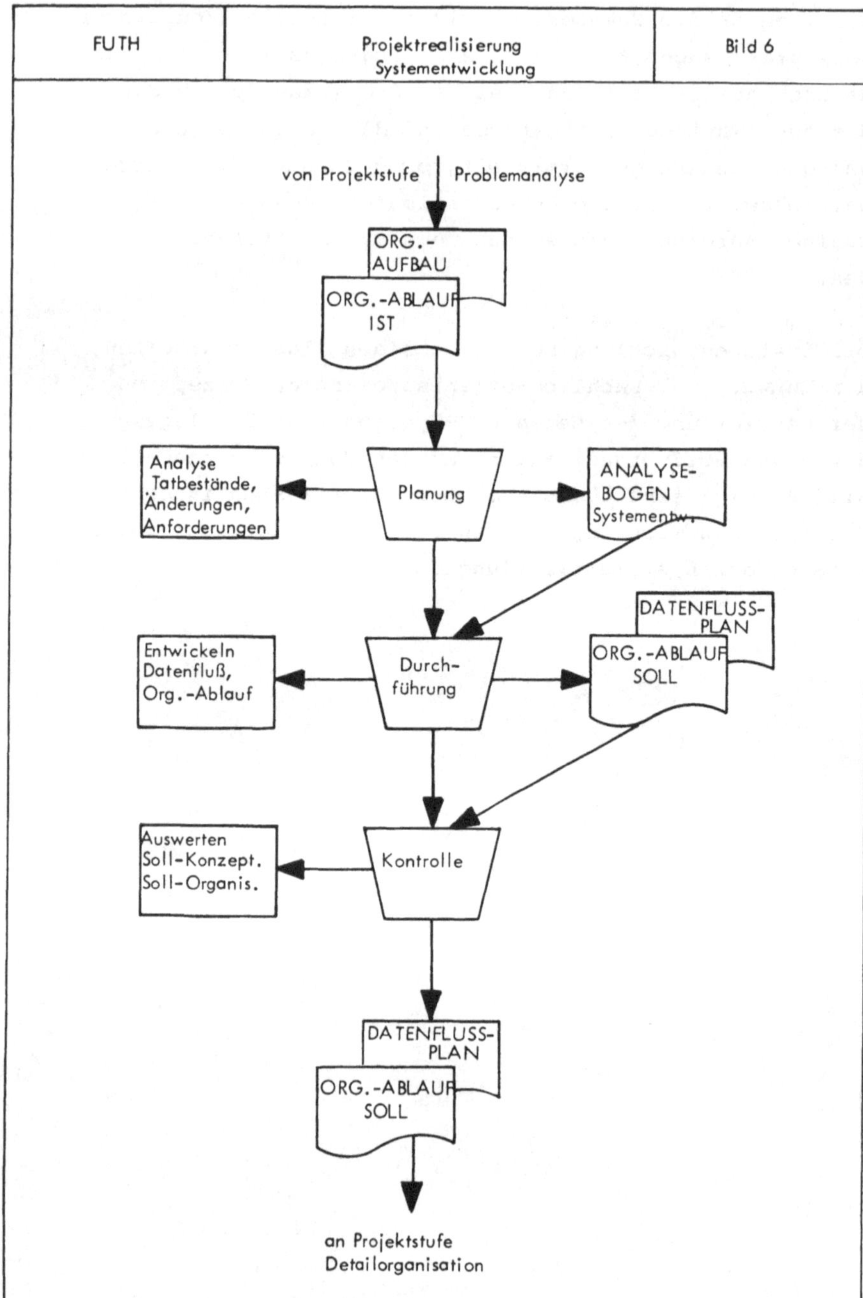
FUTH
Projektrealisierung
Systementwicklung
Bild 6
von Projektstufe
Problemanalyse
ORG.-AUFBAU
ORG.-ABLAUF IST
Analyse Tatbestände, Änderungen, Anforderungen
Planung
ANALYSE-BOGEN Systementw.
Entwickeln Datenfluß, Org.-Ablauf
Durch-führung
DATENFLUSS-PLAN
ORG.-ABLAUF SOLL
Auswerten Soll-Konzept. Soll-Organis.
Kontrolle
DATENFLUSS-PLAN
ORG.-ABLAUF SOLL
an Projektstufe
Detailorganisation

FUTH	Tätigkeitenkatalog Systementwicklung	Bild 7

Tätigkeiten	Hilfsmittel
Analyse der Tatbestände, Änderungen und Anforderungen aus der Problemanalyse	ORGANISATIONSAUFBAU ORGANISATIONSABLAUF IST
Vorüberlegungen zur Durchführung der Systementwicklung	ANALYSEBOGEN Systementwicklung
Entwerfen des Grob-Datenflusses	DATENFLUSSPLAN (grob)
Entwickeln der Sollorganisation	ORGANISATIONSABLAUF SOLL
Kontrollieren der Systementwicklung	

4.22 Planung der Systementwicklung

Jede der Problemanalyse folgenden Projektstufe muß zunächst mit der Analyse der Ergebnisse aus der vorhergehenden Projektstufe beginnen. Für das Beispiel der Systementwicklung bedeutet dies, daß vor der Entwicklung des neuen Systems die Ergebnisse aus der Problemanalyse erfaßt und kritisch überprüft werden müssen. Bevor weiter mit der Durchführung der Detailorganisation angefangen werden kann, ist das entwickelte System zu analysieren und so fort. Diese Forderung gewinnt noch mehr an Bedeutung, wenn von einer zur anderen Projektstufe der Mitarbeiter wechselt, also beispielsweise die Problemanalyse und die Systementwicklung nicht von ein und derselben Person durchgeführt werden (was in diesem Fall seltener, bei anderen Stufen, z.B. von der Detailorganisation zur Programmierung, häufigern der Fall ist). Die Analyse der Ergebnisse aus der Vorstufe besteht im Falle der Systementwicklung darin, daß die ermittelten Tatbestände, Änderungen und Anforderungen gedanklich erfaßt und kritisch überprüft werden.

Zu den Planungs- und Vorbereitungsarbeiten in der Systementwicklung gehört ferner, daß die Vorstellungen für die Gestaltung des neuen Systems ermittelt und festgelegt werden. Dies geschieht mit Hilfe des bekannten Analysebogens (Formular III/11).

FUTH	ANALYSEBOGEN	erstellt am: 14.8.75 erstellt durch: Schmidt	1/2
System	Teilsystem	Untersystem	
Rechnungswesen	Buchhaltung	Verkaufsabrechnung	
Auftrags-Nr.	Auftragsbezeichnung	Projektstufe	
074.1.03	Durchführen Systementwicklung	Systementwicklung	

Fragen	Antworten
1. Welche manuellen Arbeitsschritte sind im neuen Datenfluß erforderlich?	Auftragsprüfung, Datenerfassung, Prüfung Eingabe- u. Fehlerprotokoll, Auswerten der Verkaufsinformationen
2. Welche maschinellen Arbeitsschritte sind im neuen Datenfluß erforderlich?	Eingabe u. Prüfung, Verfügbarkeits= rechnung, Drucken Bestellsätze, Fakturierung, Drucken Verkaufs= informationen
3. Welche Bewegungsdaten gehen in den Datenfluß ein?	Aufträge, Stornierung, Änderungen
4. Welche Dateien werden benötigt?	Kundendatei, Artikeldatei
5. Welche Informationen werden ausgedruckt?	Eingabe- u. Fehlerprotokoll, Auftragsbestätigungen, Bestellsätze, Rechnungen, Verkaufsinformationen
6. In welchen Zeitabständen sollen die einzelnen Arbeitsschritte laufen?	Täglich außer Drucken Verkaufs= informationen (monatlich)
7. Auf welchen Datenträgern sollen die Daten und Dateien gespeichert werden?	Kunden- und Artikeldatei auf Magnetplatten, Aufträge auf Magnetbänder

Formular III/11

Fragen	Antworten
8. Nach welcher Form soll die Speicherung erfolgen?	Kunden- und Artikeldatei index-sequentiell, Aufträge sequentiell
9. Weichen die geplanten oder erwarteten Mengen von denen ab, die in der Problemanalyse ermittelt wurden?	nein
10. Von welchen Stellen gehen Belege in den Datenfluß ein?	Aufträge und Stornierungen vom Kunden, Änderungen von der Buchhaltung
11. An welche Stellen gehen Formulare und Informationen?	Fehlerhafte Aufträge an Kunden, Eingabe- u. Fehlerprotokoll an Buchhaltung, Auftragsbestätigungen an Kunden u. Buchhaltung, Bestellsätze an Kunden u. Lager, Rechnungen an Kunden u. Buchhaltung, Verkaufsinformationen an Buchhaltung u. Verkauf
12. Für welche Datensätze werden Schlüssel benötigt?	Kunden- und Artikeldatensätze
13. Welche Schlüssel sind vorhanden?	beide
14. Können die vorhandenen Schlüssel weiter verwendet werden?	nein
15. Welche Schlüssel müssen entwickelt werden?	Kunden- u. Artikel-Nr.

FUTH	ANALYSEBOGEN	erstellt am: 14.8.75 erstellt durch: Schmidt	2/2
System	Teilsystem	Untersystem	
Rechnungswesen	Buchhaltung	Verkaufsabrechnung	
Auftrags-Nr.	Auftragsbezeichnung	Projektstufe	
074.1.03	Durchführen Systementwicklung	Systementwicklung	

Fragen	Antworten
16. Haben die neuen Schlüssel Auswirkungen auf andere betriebsinterne und auf externe Stellen?	nein
17. Wie soll der Aufbau der neuen Schlüssel sein?	Kunden-Nr. = 5 Stellen fortlaufend numerisch 6. Stelle Prüfziffer Artikel-Nr. = 4 stellig numerisch fortlaufend
18. Welche Stellen gehören zum Sortierbegriff?	Kunden-Nr. = erste 5 Stellen Artikel-Nr. = alle 4 Stellen
19. Welche Prüfzifferverfahren sollen verwandt werden?	Kunden-Nr. = Modulo 11
20. Sind genügend Reserven in den Schlüsseln vorgesehen?	ja

Formular III/11

4.23 Durchführung der Systementwicklung

Bevor nun das neue EDV-System entwickelt und die neue Soll-Organisation festgelegt werden, ist das sachlich-organisatorische Konzept zu entwerfen. Hiermit ist die Festlegung der betriebswirtschaftlichen oder technischen und der organisatorischen Merkmale des neuen EDV-Systems gemeint. So ist beispielsweise zu bestimmen, nach welchem Verfahren die Kostenrechnung (z.B. Vollkosten- oder Deckungsbeitragsrechnung) arbeiten soll, wer welche Informationen erhalten soll und in welchen Zeiträumen Daten zu verarbeiten und Informationen bereitzustellen sind. Diese Arbeiten müssen der Entwicklung der neuen EDV-Lösungen unbedingt vorangehen. Erst wenn alle sachlich-organisatorischen Merkmale festgelegt sind, erfolgt die Entwicklung des neuen EDV-Systems, dokumentiert auf den Formularen Datenflußplan grob (Formular III/12) und Organisationsablauf Soll (Formular III/13)*.

Für die schaubildliche Darstellung von Datenflußplänen werden bestimmte Sinnbilder (Symbole) verwendet, die in eine Schablone gestanzt sind. Die Sinnbilder kennzeichnen die Belege, den Datenfluß, die Arbeitsgänge sowie die verwendeten technischen Hilfsmittel. Der Fachnormenausschuß Informationsverarbeitung (FNI) im Deutschen Normenausschuß hat laut DIN-Anweisung 66001 (September 1966) die Sinnbilder für Datenflußpläne vereinheitlicht.

Die Datenflußpläne zeigen den Fluß der Daten durch ein informationsverarbeitendes System. Sie bestehen im wesentlichen aus

- Sinnbilder für das Bearbeiten
- Sinnbilder für Datenträger
- Sinnbildflußlinie (stets mit Pfeilspitze).

Einige weitere Sinnbilder, wie "Übergangsstelle" und "Bemerkung", dienen zur übersichtlichen Gestaltung der Flußpläne. Die Sinnbilder für die Datenträger bezeichnen so-

*im Anhang

wohl den betreffenden Datenträger selbst, als auch, gemeinsam mit einer Flußlinie, das Eingeben, Umspeichern oder Ausgeben der Daten. Die Größe der Sinnbilder darf der jeweiligen Darstellungsgröße entsprechend gewählt werden, jedoch sollten die vorgegebenen Seiten- und Winkelverhältnisse möglichst eingehalten werden. Es wird deshalb empfohlen, für das Zeichnen der Sinnbilder eine Schablone nach DIN 66001 zu benutzen. Im Bild 8 sind die Sinnbilder für Datenflußpläne mit ihren Bedeutungen und englischen Bezeichnungen dargestellt.

FUTH	DATENFLUSSPLAN (grob)	erstellt am: 3.10.75 erstellt durch: Schmidt	1/2
System	Teilsystem	Untersystem	
Rechnungswesen	Buchhaltung	Verkaufsabrechnung	
Auftrags-Nr.	Auftragsbezeichnung	Projektstufe	
074.1.03	Durchführen Systementwicklung	Systementwicklung	

Datenfluß	Erläuterungen

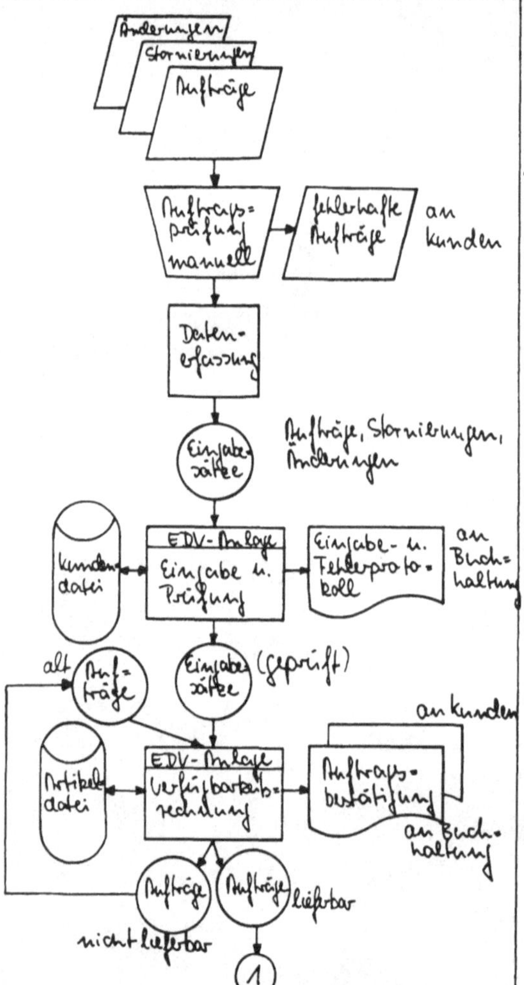

Prüfung der Aufträge auf Vollständigkeit und Ergänzung; Rückweisung unvollständiger Aufträge.

Erfassen der Aufträge auf Magnetband.

Eingabe und Prüfung der Aufträge.

Maschinelle Verfügbarkeitsrechnung; Auftragsbestätigungen über lieferbare Aufträge.

FUTH	DATENFLUSSPLAN	erstellt am: 3.10.75 erstellt durch: Schmidt	2/2
System	Teilsystem	Untersystem	
Rechnungswesen	Buchhaltung	Verkaufsabrechnung	
Auftrags-Nr.	Auftragsbezeichnung	Projektstufe	
074.1.03	Durchführen Systementwicklung	Systementwicklung	

Datenfluß	Erläuterungen
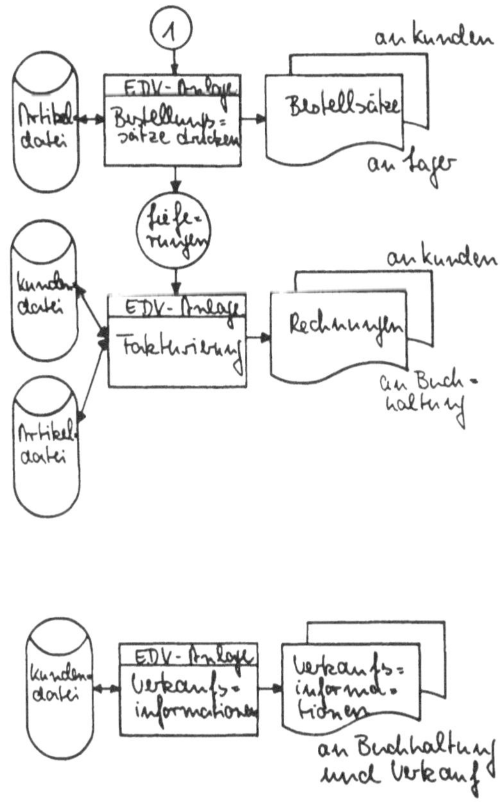	Drucken der Bestellsätze (Lieferscheine, Versandmeldungen). Rechnungsschreibung. Drucken monatlicher und vierteljährlicher Verkaufsinformationen über Kunden, Artikel und Vertreter.

FUTH	Sinnbilder für Datenflußpläne nach DIN 66001	Bild 8 (1)

Bearbeitung, allgemein (process)
insbesondere für jede Art des Bearbeitens, die nachfolgend nicht erfaßt ist, z.B. Rechnen

Ausführen einer Hilfsfunktion (auxiliary operation)
unter Verwendung maschineller Hilfsmittel, die nicht vom Leitwerk der Datenverarbeitungsanlage gesteuert werden, z.B. das manuelle Erstellen von Lochkarten und Lochstreifen

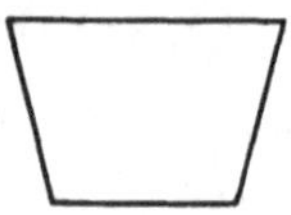

Eingreifen von Hand (manual operation)
ohne Verwendung maschineller Hilfsmittel, z.B. Eintragungen in eine Liste, Bandwechsel

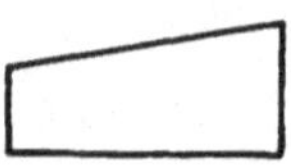

Eingeben von Hand (manual input)
in die Datenverarbeitungsanlage, z.B. das Eintasten des Tagesdatums

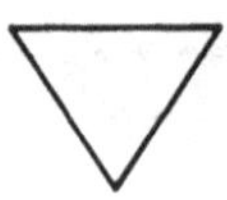

Mischen

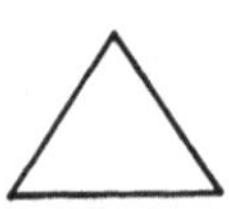

Trennen

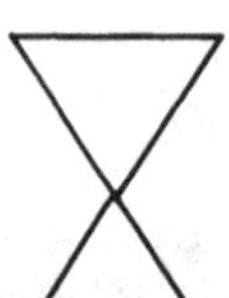

Mischen mit gleichzeitigem Trennen (collate)

FUTH	Sinnbilder für Datenflußpläne nach DIN 66001	Bild 8 (2)
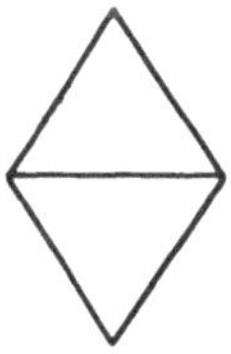	Sortieren	
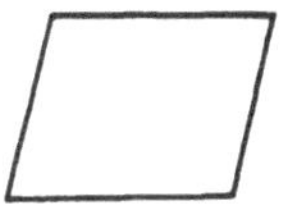	Datenträger, allgemein (input/output) für Darstellungen, in denen der Datenträger nicht näher bestimmt werden soll, oder für alle Arten von Datenträgern, die nicht nachfolgend erfaßt sind	
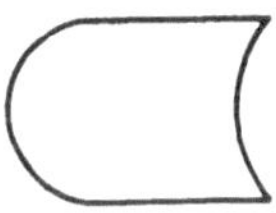	Datenträger, gesteuert vom Leitwerk der Datenverarbeitungsanlage (online storage)	
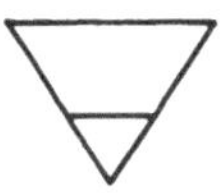	Datenträger, nicht gesteuert vom Leitwerk der Datenverarbeitungsanlage (offline storage)	
	Schriftstück (document)	
	Lochstreifen (punched tape)	
	Lochkarte (punched card)	
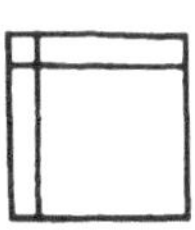	Matrixspeicher (core storage) Dieses Sinnbild kann für Kernspeicher und andere Speicher mit gleichartigem Zugriffsverhalten benutzt werden	

FUTH	Sinnbilder für Datenflußpläne nach DIN 66001	Bild 8 (3)

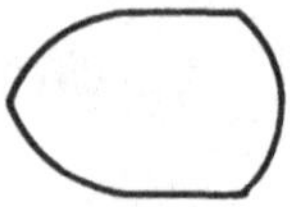

Anzeige (display)
in optischer oder akustischer Form, z. B. Ziffernanzeige, Kurvenschreiber, Summer

Flußlinie (flow line)
Die Linie kann beliebig geführt sein. Die Pfeilspitze darf nicht weggelassen werden

Transport der Datenträger
Die Linie darf beliebig geführt sein. Dieses Sinnbild ist anzuwenden, wenn der Transport der Datenträger besonders kenntlich gemacht werden soll

Datenfernübertragung (communication link)

Übergangsstelle (connector)
Der Übergang kann von mehreren Stellen aus, aber nur zu einer Stelle hin erfolgen. Zusammengehörige Übergangsstellen müssen die gleiche Bezeichnung tragen

Bemerkung (comment, annotation)
Dieses Sinnbild kann an jedes Sinnbild dieser Norm angefügt werden

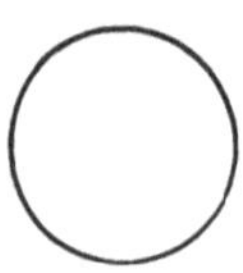

Magnetband (magnetic tape)

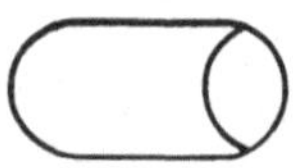

Trommelspeicher (magnetic drum)

Plattenspeicher (magnetic disk)

4.24 Kontrolle der Systementwicklung

Zur Vollständigkeit der Systementwicklung gehört die Kontrolle der entworfenen Konzeption, des entwickelten EDV-Systems und der ausgearbeiteten Soll-Organisation. Denn bevor die zeit- und kostenaufwendige Übersetzung des neuen Systems durch die Detailorganisation und Programmierung beginnt, muß sichergestellt werden, daß die neue Konzeption hinsichtlich ihres sachlich-organisatorischen Aufbaus und ihrer EDV-Lösung den Vorstellungen entspricht und sich technisch und wirtschaftlich verwirklichen läßt. Wird diese Überprüfung nicht vorgenommen, so muß mit späteren Änderungen oder Ergänzungen der Konzeption gerechnet werden, die während der Detailorganisation oder gar der Programmierung mit außerordentlichem Zeit- und Kostenaufwand verbunden sein können.

Die Kontrolle der Systementwicklung besteht darin, daß noch einmal geprüft wird, ob alle Tatbestände, Änderungen und Anforderungen berücksichtigt und bestmöglich in das neue System umgesetzt wurden. Die endgültige Kontrolle sollte unbedingt in Zusammenarbeit zwischen Projektteam und Fachabteilungen erfolgen. Hierzu eignet sich eine Präsentation des entwickelten Systems, bei der alle Beteiligten mit dem System vertraut gemacht werden und darüber entscheiden müssen, ob das Projekt in der vorgeschlagenen Form endgültig realisiert werden soll.

4.3 Detailorganisation

4.31 Aufgaben der Detailorganisation

Mit der Detailorganisation beginnt die Realisierung des neuen Systems, d.h. die Umsetzung in organisatorische Einzelheiten und in Maschineninstruktionen, bezogen auf die festgelegte Programmsprache.

Planung, Durchführung und Kontrolle der Detailorganisation erstrecken sich auf den detaillierten Datenfluß, die Festlegung aller Einzelheiten für die Eingabe, Speicherung, Verarbeitung und Ausgabe und die Zusammenstellung aller Unterlagen für die Programmvorgaben. Bild 9 zeigt eine schaubildliche Übersicht über die Aufgaben innerhalb der Detailorganisation, und in Bild 10 ist der Tätigkeitenkatalog der Detailorganisation dargestellt.

4.32 Planung der Detailorganisation

Auch die Detailorganisation beginnt zunächst mit der Analyse der Arbeitsergebnisse aus der Vorstufe Systementwicklung. Der Grob-Datenfluß muß erfaßt und analysiert und die ausgearbeitete Soll-Organisation mit ihren organisatorischen Einzelheiten zerlegt und überprüft werden.

Der zweite Schritt der Planungsarbeiten besteht darin, die Ergebnisse der Problemanalyse, allerdings nur schwerpunktmäßig, zu ergänzen und zu vertiefen. Da es innerhalb der Detailorganisation darum geht, jedes Datenfeld und jede Verarbeitungsregel auszuarbeiten und mit allen Einzelheiten darzustellen, wird es in der Regel unumgänglich sein, daß einzelne organisatorische Tatbestände, insbesondere Satzaufbauten und Verarbeitungsregeln, noch einmal gründlich untersucht werden müssen. Die Ergebnisse dieser vertieften Analyse gehen dann in die Darstellung der Eingabesätze, Datei- und Satzaufbauten, Verarbeitungsregeln und Listbilder ein.

Zu den Vorbereitungsarbeiten der Detailorganisation gehört weiterhin, daß die einzelnen organisatorischen Merkmale erfaßt werden, was wiederum mit Hilfe des bekannten Analysebogens (Formular III/14) geschieht.

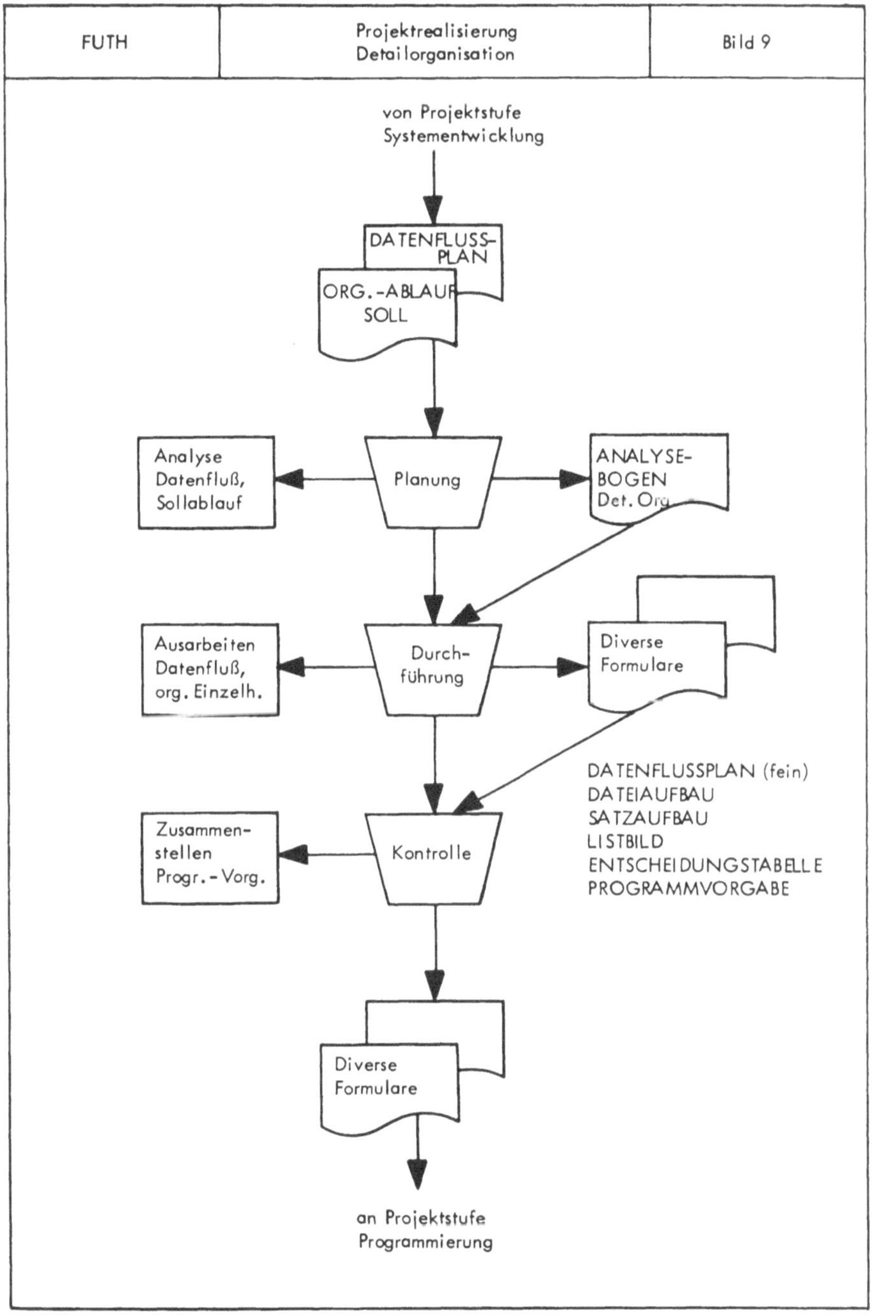
FUTH
Projektrealisierung
Detailorganisation
Bild 9
von Projektstufe
Systementwicklung
DATENFLUSS-
PLAN
ORG.-ABLAUF
SOLL
Analyse
Datenfluß,
Sollablauf
Planung
ANALYSE-
BOGEN
Det. Org.
Ausarbeiten
Datenfluß,
org. Einzelh.
Durch-
führung
Diverse
Formulare
DATENFLUSSPLAN (fein)
DATEIAUFBAU
SATZAUFBAU
LISTBILD
ENTSCHEIDUNGSTABELLE
PROGRAMMVORGABE
Zusammen-
stellen
Progr.-Vorg.
Kontrolle
Diverse
Formulare
an Projektstufe
Programmierung

FUTH	Tätigkeitenkatalog Detailorganisation	Bild 10

Tätigkeiten	Hilfsmittel
Analyse des Grob-Datenflusses und der Sollorganisation	DATENFLUSSPLAN (grob) ORGANISATIONSABLAUF SOLL
Vertiefen der Problemanalyse	
Vorbereitung der Detailorganisation	ANALYSEBOGEN Detailorganisation
Entwickeln des Fein-Datenflusses	DATENFLUSSPLAN (fein)
Ausarbeiten der Organisationsdetails	DATEIAUFBAU SATZAUFBAU LISTBILD ENTSCHEIDUNGSTABELLE
Kontrollieren der Detailorganisation und Zusammenstellen der Programmvorgaben	PROGRAMMVORGABE

FUTH	ANALYSEBOGEN	erstellt am: 6.11.75 erstellt durch: Zoran	1/4
System	Teilsystem	Untersystem	
Rechnungswesen	Buchhaltung	Verkaufsabrechnung	
Auftrags-Nr.	Auftragsbezeichnung	Projektstufe	
074.1.04	Durchführen Detailorganisation	Detailorganisation	

Fragen	Antworten
1. Welche maschinen- und programmtechnischen Einschränkungen sind zu beachten?	Plattensort, max. Programmgröße 32 K
2. Welche Anschlußstellen zu anderen Systemen sind zu beachten?	Verwendung der Kundendatei, in der Debitorenbuchhaltung
3. Welche Programm- und Dateinamen sind zu vergeben?	Sortierprogramm VABO1T Prüfprogramm VABO2T Kundendatei KUDAT (Auszug)
4. Wie werden die Bewegungsdaten erfaßt?	Aufträge = Übertragung von Kundenformularen auf Datenerfassungsbelege (SA 01) Stornierung = wie Aufträge (SA 02) Änderungen = interne DE-Belege Neueröffnung = SA 03 Satzänderung = SA 04 Löschung = SA 05
5. Welche manuellen Prüfungen/Ergänzungen werden bei den Bewegungsdaten vorgenommen?	Nur Prüfung auf Vollständigkeit mit eventl. Ergänzung
6. Welche Größe muß der Datenerfassungsbeleg haben?	DIN A4
7. Sind ähnliche Belege vorhanden?	nein

Formular III/14

Fragen	Antworten
8. Welche Erfassungsdaten muß der Beleg haben?	Kunden-Nr. Auftragsdatum Auftrags-Nr. je Position Artikel-Nr. Artikel-Menge Artikel-Preis
9. Welche festen Daten können vorgedruckt sein?	SA 01 bei Aufträgen SA 02 bei Stornierungen
10. Welches DE-Verfahren ist vorgesehen?	zentrale Erfassung auf Magnetband
11. Welche Besonderheiten müssen hinsichtlich des DE-Verfahrens beachtet werden?	Aufteilung in mehrere Sätze: 1 Kundensatz, je Artikelposition 1 Artikelsatz
12. Welche sachlichen Einzelheiten sind bei der Datenerfassung zu beachten?	gehen aus dem DE-Beleg hervor
13. Sollen die einzelnen Datenträger gepoolt werden?	nein
14. Sollen bei der Erfassung Abstimmungen gebildet werden.	nein
15. Ist eine Datenfernübertragung vorgesehen?	nein
16. Welche Dateien werden verwendet?	a) Kundendatei KUDAT b) Artikeldatei ARTDAT (Auszug)

FUTH	ANALYSEBOGEN	erstellt am: 6.11.75 erstellt durch: Zoran	2/4
System	Teilsystem	Untersystem	
Rechnungswesen	Buchhaltung	Verkaufsabrechnung	
Auftrags-Nr.	Auftragsbezeichnung	Projektstufe	
074.1.04	Durchführen Detailorganisation	Detailorganisation	

Fragen	Antworten
17. Welche Funktionen haben die Dateien?	a) Stammdatei b) "
18. Haben die Dateien feste Archiv-Nr.?	a) PL 1412 b) PL 0945
19. Auf welchen Datenträgern sind die Dateien gespeichert?	a) Magnetplatte b) "
20. Welchen Umfang haben die Dateien?	a) 3.800 – 4.000 Sätze b) 2.500 – 3.000 "
21. Welche Speicherungsform haben die Dateien?	a) index-sequentiell b) "
22. Welchen Sortierbegriff haben die Dateien?	a) Kunden-Nr. b) Artikel-Nr.
23. In welchen anderen Systemen werden die Dateien verwendet?	a) Debitorenbuchhaltung b) Materialbereich
24. Welche Blockung haben die Dateien?	Bl.-Faktor / Bl.-Länge / Bl.-Format a) keine / keine / keine b) " / " / "
25. Welche Plattenbereiche belegen die Dateien?	Index / Daten / Überlauf a) 50 / 51-80 / 81 b) 35 / 36-78 / 79-80

Formular III/14

Fragen	Antworten
26. Welche Kennsätze werden verwendet?	a) Standard b) "
27. Welche Aufbewahrungsfristen werden vorgeschrieben?	a) Normal b) "
28. Wie viele Generationen sind erforderlich?	a) Duplikat b) "
29. Welche Reorganisation ist erforderlich?	a) halbjährlich b) vierteljährlich
30. Wie oft müssen die Dateien upgedatet werden?	a) 2x wöchentlich b) 1x wöchentlich
31. Liegen Verkettungen zu anderen Dateien vor?	a) nein b) "
32. In welchen Programmen mit welcher Verarbeitungsform werden die Dateien verwendet?	a) VAB02T direkt VAB08T " VAB12M " VAB14M " b) VAB05T direkt VAB07T " VAB08T "
33. Wie ist die Sortierfolge der Dateien?	a) Kunden-Nr. b) Artikel-Nr.
34. Welche Satzarten sind in den Dateien enthalten?	a) KUSTA Kundenstammsatz b) ARTSTA Artikelstammsatz ARTEIN Artikeleinzelsatz

FUTH	ANALYSEBOGEN	erstellt am: 6.11.75 / erstellt durch: Zoran	3/4
System	Teilsystem	Untersystem	
Rechnungswesen	Buchhaltung	Verkaufsabrechnung	
Auftrags-Nr.	Auftragsbezeichnung	Projektstufe	
074.1.04	Durchführen Detailorganisation	Detailorganisation	

Fragen	Antworten
35. Welche Angaben sind je Datensatz zu untersuchen?	Satzlänge Anzahl Sätze Satzverwendung Feldname Feldbezeichnung Stellenaufteilung Format
36. Welche Listen müssen gedruckt werden?	Eingabe- und Fehlerprotokoll (Blankoliste) Auftragsbestätigungen (Formulare) Bestellsätze (Formulare) Rechnungen (Formulare) Kundenstatistik (Blankoliste) Artikelstatistik (Blankoliste) Vertreterstatistik (Blankoliste)
37. Welche Formular-Nr. haben die Listen?	Eingabe- und Fehlerprotokoll entfällt

Formular III/14

Fragen	Antworten
38. Wie viele Seiten werden die Listen durchschnittlich haben?	15 - 20
39. Wie viele Kopien sind vorgesehen?	keine
40. Wer erhält die Listen?	Buchhaltung (Verkaufsabrechnung)
41. Welche Formatangaben sind zu beachten?	12"
42. Welche drucktechnischen Einzelheiten sind zu beachten?	keine (Auszug)
43. Welche Methoden sollen für die Programmbeschreibung verwendet werden?	Entscheidungstabelle / verbal
44. Welche Programme sollen beschrieben werden?	Eingabe und Prüfung Verfügbarkeitsrechnung Drucken der Bestellsätze Fakturierung Gewinnen und Drucken der Verkaufsinformationen
45. Welche Bedingungen sind zu beschreiben?	Fakturierung (Auszug) B1 Einzelhändler B2 Filialhandel B3 Umsatz kum. 50.000 DM B4 Kunde bekannt
46. Gibt es Bedingungen, die nur zusammen auftreten können?	nein
47. Wie viele Bedingungen treten insgesamt auf?	5

FUTH	ANALYSEBOGEN	erstellt am: 6.11.75 erstellt durch: Zoran	4/4
System	Teilsystem	Untersystem	
Rechnungswesen	Buchhaltung	Verkaufsabrechnung	
Auftrags-Nr.	Auftragsbezeichnung	Projektstufe	
074.1.04	Durchführen Detailorganisation	Detailorganisation	

Fragen	Antworten
48. Müssen Untertabellen (wegen zu vieler Bedingungen) angelegt werden?	nein
49. Welche Aktionen müssen aufgeführt werden?	A 1 50% Preisaufschlag A 2 30% Preisaufschlag A 3 5% von Rechnungsendbetrag abziehen A 4 Neuen Datensatz eröffnen A 5 Rechnungsendbetrag einspeichern A 6 Rechnung drucken
50. Gibt es kombinierte Aktionen?	nein
51. Ist die Reihenfolge der Aktionen klar bestimmt?	ja
52. Ist die ausgefüllte Entscheidungstabelle widerspruchs- und redundanzfrei?	ja

Formular III/14

4.33 Durchführung der Detailorganisation

Die Detailorganisation besteht aus den Hauptschritten Entwicklung und Darstellung des Fein-Datenflusses und Ausarbeitung und Dokumentation der organisatorischen Einzelheiten. Der Fein-Datenfluß unterscheidet sich vom Grob-Datenfluß dadurch, daß er jeden einzelnen Schritt enthält und nicht nur sachlich-organisatorisch, sondern vor allem programmtechnisch ausgerichtet ist. Dies bedeutet, daß im Fein-Datenflußplan auch alle programmtechnisch bedingten Arbeiten (z.B. Sortier-, Misch- und Reorganisationsprogramme) aufzuführen sind. Die Darstellung des Fein-Datenflusses erfolgt mit Hilfe des bekannten Formulars Datenflußplan (Formular III/12).

Die Ausarbeitung und Dokumentation der organisatorischen Einzelheiten des neuen Systems erstrecken sich auf

- jede Datei (Formular Dateiaufbau III/15)
- jeden Datensatz (Formular Satzaufbau III/16)
- jeden Listen- und Formularaufbau (Formular Listbild III/17)*
- jede Verarbeitungsregel (Formular Entscheidungstabelle III/18).

Die Gestaltung der Datenerfassungsbelege und Vordrucke läßt sich nicht standardisieren, weil sie allein vom betreffenden Verwendungszweck abhängt. Anstelle von Beleg- und Formularmustern haben wir deshalb Leitsätze für die Gestaltung von Datenerfassungsbelegen sowie Formularen und Listen eingefügt. Die Verarbeitungsregeln können entweder graphisch (als Grob-Programmablaufplan), verbal oder mit Hilfe von Entscheidungstabellen dargestellt werden. Die graphische Darstellungsform ist sehr zeitaufwendig und aus diesem Grunde im allgemeinen unüblich. Da man für die verbale Form kein Formular verwenden kann, läßt sie sich nicht standardisieren. An Bedeutung gewonnen hat die Entscheidungstabellentechnik, mit deren Hilfe Verarbeitungsregeln in Form von Entscheidungstabellen dargestellt werden. Diese

---

*im Anhang

FUTH	DATENFLUSSPLAN (fein)	erstellt am: 27.11.75 erstellt durch: Zoran
System	Teilsystem	Untersystem
Rechnungswesen	Buchhaltung	Verkaufsabrechnung
Auftrags-Nr.	Auftragsbezeichnung	Projektstufe
074.1.05	Durchführen Detailorganisation	Detailorganisation

Datenfluß	Erläuterungen

Eingabe und Prüfung

Auszug

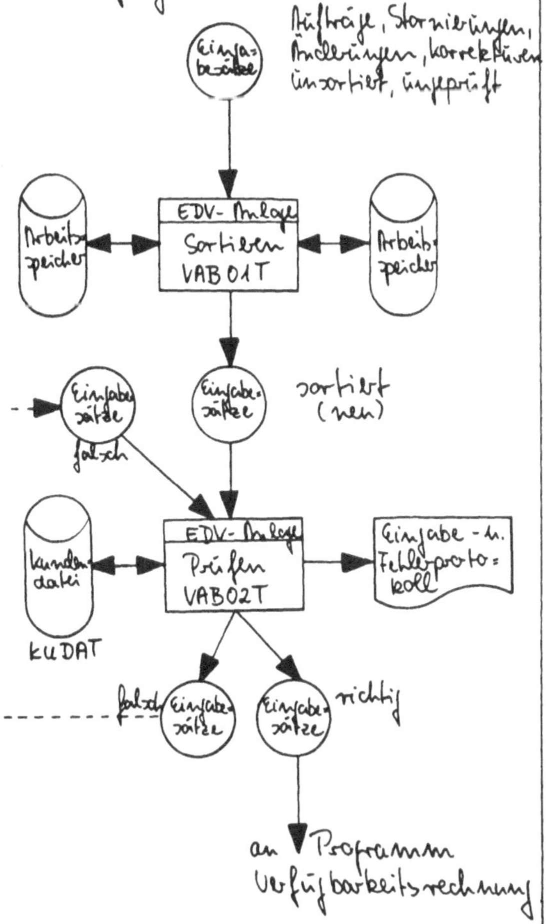

Sortieren nach
1. Satzart (Änderungen, Stornierungen, neue Aufträge, Korrekturen)
2. Kunden-Nr.

Prüfen der sortierten Eingabesätze, Drucken Eingabe- u. Fehlerprotokoll und Trennen der richtigen und fehlerhaften Eingabesätze.

Formular III/12

FUTH	DATEIAUFBAU	erstellt am: 2.12.75 erstellt durch: York
System	Teilsystem	Untersystem
Rechnungswesen	Buchhaltung	Verkaufsabrechnung
Auftrags-Nr.	Auftragsbezeichnung	Projektstufe
074.1.06	Durchführen Detailorganisation	Detailorganisation

Dateiname: KUDAT
Dateibezeichnung: Kundendatei
Dateifunktion: Stammdatei
Archiv-Nr.: PL 1412

Datenträger: Magnetplatte
Dateiumfang: 3.800 - 4.000
Speicherungsform: index-sequentiell
Sortierbegriff: Kunden-Nr.

Dateiverwendung in anderen Systemen: Debitorenbuchhaltung

Dateiaufbau

Blockung

Block.-Faktor	Blocklänge	Blockformat

Plattenbereiche

Index	Daten	Überlauf
Zyl. 50	Zyl. 51-80	Zyl. 81

Dateisicherung

Kennsatz: Standard
Aufbewahrungsfrist: Normal
Anzahl Generationen: Duplikat
Reorganisation: halbjährlich
Update-Dateien: 2 x wöchentlich

Verkettung zu anderen Dateien: nein

Dateiverwendung	Verarbeitungsform
VAB 02T	index-sequentiell
VAB 08T	"
VAB 12M	"
VAB 14M	"

Sortierfolge
1. Kunden-Nr.
2.
3.
4.
5.

Enthaltene Satzarten

Satzart	Name	Bezeichnung	Länge	Anzahl	Bemerkungen
01	KUSTA	Kundenstammsatz	156	4.000	

Formular III/15

FUTH	SATZAUFBAU	erstellt am: 4.12.75 erstellt durch: York
System	Teilsystem	Untersystem
Rechnungswesen	Buchhaltung	Verkaufsabrechnung
Auftrags-Nr.	Auftragsbezeichnung	Projektstufe
074.1.06	Durchf. Detailorganisation	Detailorganisation

Satzart: 01	Satzlänge: 156
Satzname: KUSTA	Satzanzahl: 4.000
Satzbezeichnung: Kundenstammsatz	Satzverwendung: nur in KUDAT

Enthaltene Satzfelder

Lfd. Nr.	Stufe	Feldname	Feldbezeichnung	Stellen von	Stellen bis	Anz. Stellen	Format	Bemerkungen
1		ESATZ	Satzname	1	5	5	A	Auszug
2		EKUND	Kunden-Nr.	6	11	6	N	
3		EVERT	Vertreter-Nr.	12	13	2	N	
4		ETOUR	Touren-Nr.	14	15	2	N	
5	1	EADR	Anschrift	16	60	45	A	
	2	ENAM	Name					
	2	EORT	Ort					
	3	EPLZ	Postleitzahl					
			usw.					

Formular III/16

FUTH	ENTSCHEIDUNGSTABELLE	erstellt am: 5.12.75 erstellt durch: York
System	Teilsystem	Untersystem
Rechnungswesen	Buchhaltung	Verkaufsabrechnung
Auftrags-Nr.	Auftragsbezeichnung	Projektstufe
074.1.06	Durchf. Detailorganisation	Detailorganisation

B/A	Bedingungen / Aktionen	1	2	3	4	5	6	7	8	9	10	11	12	13	14	15	16	17	18	19	20	21	22	23	24	25	26	27	28	29	30	31	32
B1	Einzelhändler	J	N	J	N	J	N	J	N	J	N	J	N	J	N	J	N	J	N	J	N	J	N	J	N	J	N	J	N	J	N	J	N
B2	Filialhandel	J	J	N	N	J	J	N	N	J	J	N	N	J	J	N	N	J	J	N	N	J	J	N	N	J	J	N	N	J	J	N	N
B3	Umsatz kum. 50.000 DM	J	J	J	J	N	N	N	N	J	J	J	J	N	N	N	N	J	J	J	J	N	N	N	N	J	J	J	J	N	N	N	N
B4	Kunde bekannt	J	J	J	J	J	J	J	J	N	N	N	N	N	N	N	N	J	J	J	J	J	J	J	J	N	N	N	N	N	N	N	N
B5		J	J	J	J	J	J	J	J	J	J	J	J	J	J	J	J	N	N	N	N	N	N	N	N	N	N	N	N	N	N	N	N
A1	50% Preisaufschlag	X		X		X		X		X		X		X		X																	
A2	30% Preisaufschlag	X	X			X	X			X	X			X	X																		
A3	5% vom Rechnungsendbetrag abziehen	X		X						X		X																					
A4	Neue Karteikarte anlegen									X		X		X		X																	
A5	Rechnungsendbetrag auf Karteikarte eintragen	X		X		X		X		X		X		X		X																	
A6	Rechnung schreiben	X	X	X	X	X	X	X	X	X	X	X	X	X	X	X	X																

Formular III/18

Technik hat den Vorteil, daß Verarbeitungsbedingungen und -schritte (Aktionen) eindeutig und in übersichtlicher Form dargestellt werden können. In Formular III/18 ist eine Entscheidungstabelle mit Beispiel dargestellt; auf die Entscheidungstabellentechnik selbst können wir hier nicht eingehen.

Leitsätze für die Gestaltung von Datenerfassungsbelegen

1. Der Beleg sollte nach Möglichkeit DIN-Format haben, nicht größer als DIN A 4 sein (wegen des Ablageplatzes beim Erfassungs- und Prüfgerät) und nur auf der Vorderseite benutzt werden.

2. Die zu erfassenden Datenfelder sind (wie beim Lesen) von links nach rechts und von oben nach unten anzuordnen.

3. Die zu erfassenden Daten sind von den sonstigen Daten zu trennen und auf dem Beleg besonders hervorzuheben.

4. Alle abzubildenden Daten müssen auf dem Beleg in gleicher Reihenfolge angeordnet sein wie die Felder in der Lochkarte bzw. im Satzaufbau.

5. Die zu erfassenden Datenfelder sind in der Reihenfolge des Übertragens zu numerieren, entsprechend der Reihenfolge der Felder in der Lochkarte bzw. im Satzaufbau.

6. Die einzelnen Datenfelder auf dem Beleg sind in senkrechte Spalten zu unterteilen (um dem Eintragenden zur Einzeleintragung von Buchstaben und Ziffern zu zwingen).

7. Die Größe eines Datenfeldes auf dem Beleg muß der Länge des Datenfeldes im EDV-Datenträger entsprechen.

8. Bei Dezimalwerten sind die Kommastellen bereits auf dem Beleg zu kennzeichnen.

9. Alle festen Angaben (z.B. Schlüssel, Kartenart, Satzart) sind bereits auf dem Beleg vorzudrucken.

10. Ähnliche Datenerfassungsbelege sollten in vereinheitlichter Form aufgebaut sein und sich nur durch Überschrift und Farbe unterscheiden.

<u>Leitsätze für die Gestaltung von Formularen und Listen</u>

1. Für betriebsinterne, z.T. auch für betriebsexterne Zwecke sollten statt Vordrucke Listen aus Blankopapier verwandt werden.

2. Die Druckanordnung ist so vorzunehmen, daß ein Gleichmaß an Aussagefähigkeit durch zweckmäßige Gestaltung und an vertretbarem Rüst- und Maschinenaufwand erreicht wird.

3. Auch die letzten Kopien müssen lesbar sein; ggfs. Paralleldruck oder mehrere Druckdurchläufe.

4. Die Köpfe von Blankolisten sind hinsichtlich Inhalt und Anordnung zu standardisieren.

5. Bei Blankolisten ist der Text in Kopf und Überschriften sinnvoll abzukürzen, ggfs. durch Doppelzeile.

6. Die zu druckenden Zeilen sind nach Überschrifts-, Posten-, Zwischensummen-, Gesamt-, Übertragungs- und Fußzeilen zu gliedern.

7. Es ist stets eine maschinelle fortlaufende Numerierung der Formular- bzw. Listenseiten vorzusehen.

8. Alphabetische Felder im Formular-Entwurfsblatt sind mit A-A, numerische Felder durch 9-9 zu kennzeichnen.

9. Auch die zu druckenden Vorzeichen sind (vor oder hinter den numerischen Kennzeichnungen) einheitlich zu kennzeichnen.

10. Beim Entwurf von Formularen und Listen sind technische Einzelheiten von Druck (= Vordruck), Beschriftung (durch Schnelldrucker), Schneiden und Separieren sowie Ablage zu berücksichtigen.

11. Beim Listendruck auf Blankopapier sind Standard-Listenköpfe zu verwenden, z.B. Kopfzeile bei DIN A 3 (120 oder 132 Stellen)

    Stellen 10 - 17 Datum (TT.MM.JJ)
    Stellen 29 - 88 Listenbezeichnung
    Stellen 97 - 107 Programm-Nr.
    Stellen 111 - 119 "Seite xxx" (Fortlfd. Nr.)

    Kopfzeile bei DIN A 4 (80 Stellen)

    Stellen 3 - 10 Datum
    Stellen 15 - 52 Listenbezeichnung
    Stellen 57 - 67 Programm-Nr.
    Stellen 71 - 80 "Seite xxx".

12. Alle Listen und Formulare sollten einheitlich jeweils auf dem ersten oder letzten Blatt Hinweise für Verteilung und Versand enthalten, die mitzudrucken sind.

4.34 Kontrolle der Detailorganisation

Der letzte Punkt der Detailorganisation besteht in der Kontrolle der Detailorganisation und im Zusammenstellen der Programmvorgaben.

Die Kontrolle der Detailorganisation erstreckt sich im wesentlichen auf die Frage, ob alle Verarbeitungsschritte und Dateien erfaßt und mit allen Einzelheiten dargestellt wurden. Es empfiehlt sich, diese Kontrolle mit Unterstützung von Teamkollegen bzw. Mitarbeitern der betreffenden Fachabteilung vorzunehmen.

Die Programmvorgaben werden, anhand des Fein-Datenflußplans, für jedes einzelne Programm zusammengestellt und umfassen jeweils eine verbale Programmbeschreibung und die Formulare Datenflußplan fein (oder ein Auszug daraus), Dateiaufbau je Datei, Satzaufbau je Datensatz, Listbild je Ausgabeliste und Entscheidungstabelle je Verarbeitungsschritt. Zu jeder Programmvorgabe gehört außerdem ein Deckblatt (Formular Programmvorgabe III/19) mit den Inhaltsangaben.

FUTH	PROGRAMMVORGABE	erstellt am: 5.12.75 / erstellt durch: Zoran
System	Teilsystem	Untersystem
Rechnungswesen	Buchhaltung	Verkaufsabrechnung
Auftrags-Nr.	Auftragsbezeichnung	Projektstufe
074.1.06	Durchf. Detailorganisation	Detailorganisation

Progr.-Name: VAB02T
Progr.-Bezeichnung: Prüfen Eingabesätze
Progr.-Verwendung: nur VAB

Progr.-Sprache: Cobol
Max. Progr.-Größe: 32 K
Standard-Unterprogramme: keine

Aufgabe: Prüfen der sortierten Eingabesätze verschiedener Satzarten mit Trennung richtiger und fehlerhafter Eingabesätze und Drucken eines Eingabe- und Fehlerprotokolls

Inhaltsverzeichnis

Unterlagen	enthalten	Seiten	Bemerkungen
1. Programmbeschreibung	⊗	1-2	
2. Datenflußplan	⊗	3-7	
3. Dateiaufbauten	⊗	8-10	
4. Satzaufbauten	⊗	11-13	
5. Listbilder	⊗	14	
6. Verarbeitungsregeln			
graphisch	○		
verbal	○		
Entscheidungstabelle	⊗	15-21	

Formular III/19

4.4 Programmierung

4.41 Aufgaben der Programmierung

Die Programmierung bildet die zweite Stufe der Systemübersetzung. Sie besteht darin,

- die Programmvorgabe zu analysieren
- den Programmablaufplan zu entwerfen
- das Programm zu verschlüsseln (codieren)
- das Programm zu testen und
- die Programmierung abschließend zu überprüfen.

Bild 11 zeigt eine graphische Übersicht über die Aufgaben innerhalb der Programmierung, und in Bild 12 ist der Tätigkeitenkatalog der Programmierung abgebildet.

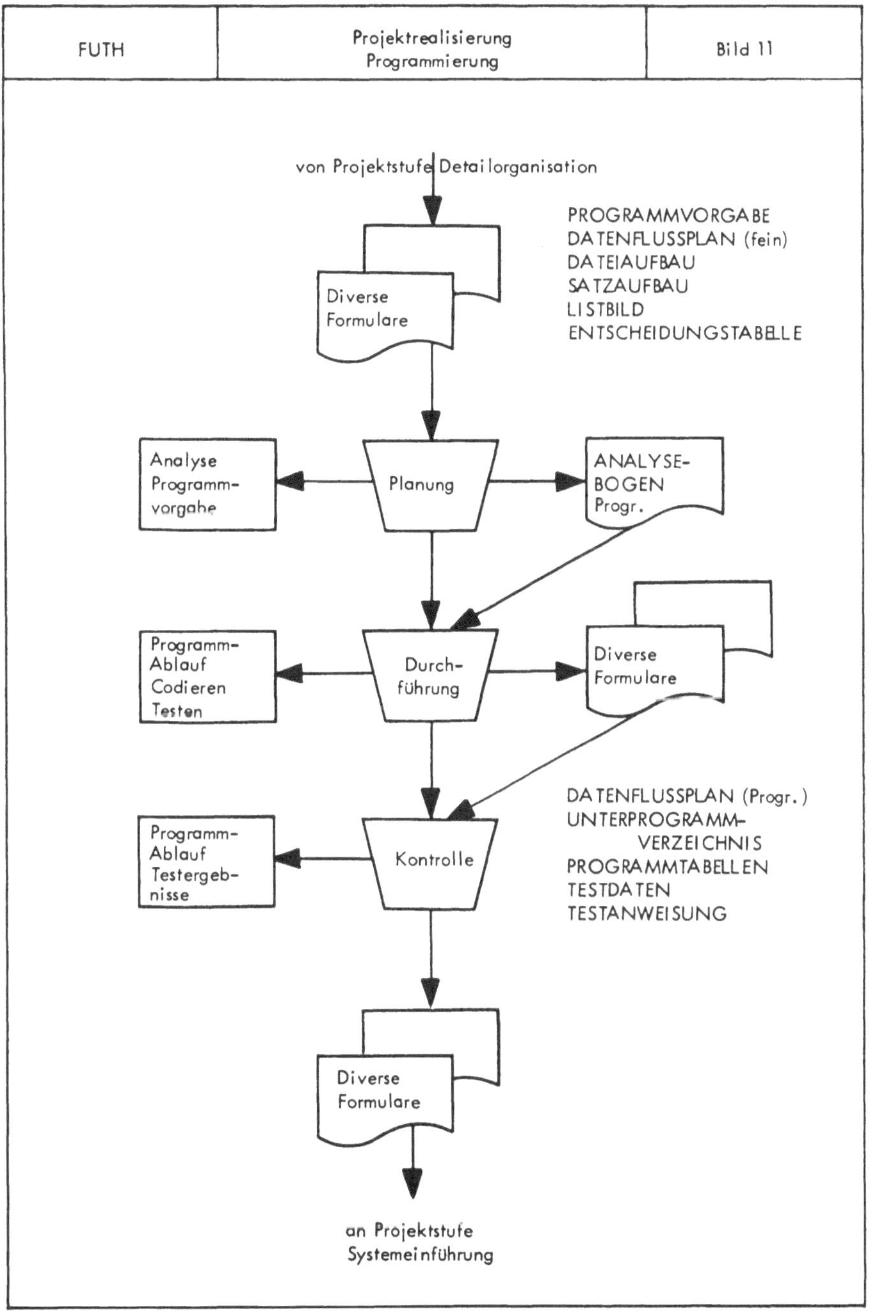
FUTH
Projektrealisierung
Programmierung
Bild 11
von Projektstufe Detailorganisation
Diverse Formulare
PROGRAMMVORGABE
DATENFLUSSPLAN (fein)
DATEIAUFBAU
SATZAUFBAU
LISTBILD
ENTSCHEIDUNGSTABELLE
Analyse Programmvorgabe
Planung
ANALYSEBOGEN Progr.
Programm-Ablauf Codieren Testen
Durchführung
Diverse Formulare
DATENFLUSSPLAN (Progr.)
UNTERPROGRAMMVERZEICHNIS
PROGRAMMTABELLEN
TESTDATEN
TESTANWEISUNG
Programm-Ablauf Testergebnisse
Kontrolle
Diverse Formulare
an Projektstufe Systemeinführung

FUTH	Tätigkeitenkatalog Programmierung	Bild 12

Tätigkeiten	Hilfsmittel
Analyse der Programmvorgabe	PROGRAMMVORGABE DATENFLUSSPLAN (fein) DATEIAUFBAU SATZAUFBAU LISTBILD ENTSCHEIDUNGSTABELLE
Vorbereitung der Programmierung	ANALYSEBOGEN Programmierung
Entwerfen des Programmablaufplans	DATENFLUSSPLAN (Progr.) UNTERPROGRAMMVERZEICHNIS
Codieren	PROGRAMMTABELLEN
Programmtest	TESTDATEN TESTANWEISUNG
Kontrollieren der Programmierung	

4.42 Planung der Programmierung

Die Planung der Programmierung besteht aus den beiden Arbeitsschritten Analyse der Programmvorgabe (anhand der Unterlagen aus der Detailorganisation) und Vorbereitung der Programmierung (mit Hilfe des Analysebogens Programmierung).

Bevor der Programmierer mit der Ausarbeitung des vorgegebenen Programms beginnen kann, ist es erforderlich, die betreffende Programmvorgabe zu analysieren, im einzelnen

- die Programmvorgabe auf ihre formelle Vollständigkeit zu prüfen sowie den Inhalt der Programmvorgabe zu verstehen und ihre Zusammenhänge zu erfassen
- die Programmvorgabe auf ihren sachlich-logisch richtigen Inhalt und ihre programmtechnische Durchführbarkeit zu prüfen und
- durch Rückfragen Unklarheiten, Widersprüche und Informationslücken zu beseitigen.

Hilfsmittel dieser Analyse sind die aus der Detailorganisation stammenden Unterlagen der Programmvorgabe.

Zu den Planungsarbeiten der Programmierung gehört ferner, daß die einzelnen Merkmale für die Ausarbeitung des Programms erfaßt werden, was wiederum mit Hilfe des bekannten Analysebogens (Formular III/20) erfolgt.

FUTH	ANALYSEBOGEN	erstellt am: 7.1.76 erstellt durch: Hartwig	1/3
System	Teilsystem	Untersystem	
Rechnungswesen	Buchhaltung	Verkaufsabrechnung	
Auftrags-Nr.	Auftragsbezeichnung	Projektstufe	
074.1.08	Progr. Prüfprogramm	Programmierung	

Fragen	Antworten
1. Bestehen Hinweise, bei welchen Dateien es sich um Standard-Dateien (COPY) handelt?	Auszug: Tabelle T-Auftrag Artikeldatei
2. Sollen Dateibeschreibungen neu in die COPY-Bibliothek übernommen werden?	Kundendatei
3. Ist klar erkennbar, welche Eingabedatei die führende Datei ist?	Eingabesätze
4. Sind die Ordnungsbegriffe der Ein- und Ausgabedateien aus der Vorgabe klar erkennbar?	ja
5. Liegt fest, ob die IS- und DA-Dateien sequentiell oder entsprechend der Speicherungsform verarbeitet werden sollen?	entspr. Speicherungsform
6. Müssen Eingabedateien vor der Verarbeitung sortiert werden und liegt fest, wer die Sortiersteuerkarten bzw. das Sortierprogramm erstellen muß?	ja, Standard-Sort
7. Wurde festgelegt, über welches Ausgabegerät Fehler- und Hinweismeldungen ausgegeben werden sollen?	Drucker

Formular III/20

Fragen	Antworten
8. Lassen die Listbilder bzw. die Beschreibung zu den Listen klar erkennen, wodurch Summenzeilen, Blattwechsel usw. ausgelöst werden?	ja
9. Sind die Feldgrößen und der Aufbau der Druckmasken sowohl für die Einzel- als auch für die Summenzeilen aus der Programmvorgabe ersichtlich?	ja
10. Liegt das Format (Anzahl Stellen je Zeile, Anzahl Zeilen je Blatt, Zoll je Blatt) der Druckausgaben fest, die auf Formulare ausgegeben werden sollen?	ja
11. Wurde vorgegeben, mit welchen Werten die nicht angesprochenen Felder in neu zu bildenden Ausgabesätzen beschickt werden müssen (blank lassen, formatgerecht auf Null setzen)?	entfällt
12. Sind die Besonderheiten bei der Verarbeitung von variablen Feldern (Feld-, Satzkennzeichen usw.) in Lochstreifen, Lochkarten o.ä. ausreichend beschrieben?	entfällt
13. In welcher Sortierfolge sollen die sequentiellen Ausgabedateien ausgegeben werden?	Satzart, Kunden-Nr.
14. Sind die Ordnungsbegriffe aller gleichzeitig zu druckenden Listen aufeinander abgestimmt?	ja
15. Müssen die Druckausgaben, die vom Programmierer nicht in der gewünschten Folge ausgegeben werden können, mit einer Sortierleiste versehen und sortiert werden?	entfällt

FUTH	ANALYSEBOGEN	erstellt am: 7.1.76 erstellt durch: Hartwig	2/3
System	Teilsystem	Untersystem	
Rechnungswesen	Buchhaltung	Verkaufsabrechnung	
Auftrags-Nr.	Auftragsbezeichnung	Projektstufe	
074.1.08	Progr. Prüfprogramm	Programmierung	

Fragen	Antworten
16. Haben die Dateien, mit denen eine Paarigkeitsverarbeitung durchgeführt werden soll, die gleichen Ordnungsbegriffe und sind sie auch nach diesen Ordnungsbegriffen sortiert?	ja
17. Sind die Suchargumente für Direktzugriffe und Tabellenverarbeitungen in den Eingabedateien vorhanden?	ja
18. Ist es möglich, die Sortierfolge der Eingabedateien bei den fortgeschriebenen Ausgabedateien zu erhalten?	ja, da index-sequentiell
19. Ist es möglich, das anstehende Problem mit einem Standardprogramm zu lösen?	zum Teil (Modulo 11-Prüfung)
20. Aufgrund welcher Eingabeinformationen sollen die internen Speichertabellen aufgebaut werden?	Aufträge (SA 01) und Stornierungen (SA 02)
21. Wie ist die Sortierfolge dieses Inputs?	Satzart und Kunden-Nr.
22. Kann die Tabelle in der gleichen Sortierfolge gespeichert werden?	ja
23. Liegt fest, wieviel Tabellenstufen erforderlich sind?	5 Stufen, 1 Dimension

Formular III/20

Fragen	Antworten
24. Soll die Tabelle im internen Speicher oder auf einem Datenträger (Direktspeicher) gespeichert werden?	intern
25. Welche Tabellensuchmethode soll angewandt werden?	sequentielles Abarbeiten der Tabelle
26. Ist das Suchargument für die Tabellenzugriffe eindeutig beschrieben?	ja
27. Paßt die Tabelle zusammen mit dem Objektprogramm und dem Betriebssystem in den internen Speicher bzw. in die zur Verfügung stehende Partition?	ja
28. Können die Programmiererrichtlinien bezüglich der - max. Programmgröße - Programmsprache - Tabellenverarbeitungen - Standard-Vorlaufkarten - Standard-Listenköpfen usw. eingehalten werden?	ja, in allen Bestimmungen
29. Werden die Richtlinien des Rechenzentrums wie - max. zulässige Anzahl Band-/ Platteneinheiten je Programm - Benutzung des Kartenstanzers - Benutzung der Konsolschreibmaschine - Art und Umfang der Meldungen bei Programmabbrüchen usw. beachtet?	ja, in allen Fällen

FUTH	ANALYSEBOGEN	erstellt am: 7.1.76 / erstellt durch: Hartwig	3/3
System	Teilsystem	Untersystem	
Rechnungswesen	Buchhaltung	Verkaufsabrechnung	
Auftrags-Nr.	Auftragsbezeichnung	Projektstufe	
074.1.08	Progr. Prüfprogramm	Programmierung	

Fragen	Antworten
30. Wird der vorhandene interne Speicherplatz bei der Größe des Programms ausreichen, oder ist es möglich, den benötigten Speicherplatz durch Programmüberlappungen zu senken?	interne Speicherplatz reicht aus
31. Können die COPY-Bereiche und Programmteile, die lt. Vorgabe benutzt werden sollen, auch tatsächlich unverändert in das Programm übernommen werden?	ja
32. Können die in der Vorgabe aufgeführten Standard-Unterprogramme/Macros unverändert benutzt werden?	ja (nur Modulo 11-Prüfung)

Formular III/20

4.43 Durchführung der Programmierung

4.431 Entwurf des Programmablaufplans

Ziel und Aufgabe dieser Programmierungsstufe ist es, die Logik des Programmablaufs klar zu erfassen und darzustellen, um ein Hilfsmittel für die nachfolgende Codierung zu schaffen. Von kleinen Programmen und Programmen mit einfacher Programmlogik abgesehen, ist es immer ratsam, den Programmablauf in schaubildlicher Weise darzustellen. In vielen Fällen wird es genügen, wenn nur die Programmlogik als Grob-Programmablaufplan dargestellt wird. Aber selbst bei der Darstellung des Fein-Programmablaufs muß die Programmlogik im Vordergrund der Gestaltung stehen, während man in der Regel darauf verzichten kann, jeden Befehl einzeln in den Programmablaufplan aufzunehmen. Statt dessen werden einzelne Programmschritte zu einem einzigen Symbol zusammengefaßt und dann später in der Codierung nur aufgeschlüsselt.

Beispiel:

Gleiches gilt für Unterprogramme, deren Auflösung in der Codierung auch ohne Einzeldarstellung im Programmablaufplan verständlich ist. Der Ansprung eines Unterprogramms wird im Programmablaufplan wie folgt dargestellt:

Beispiel:

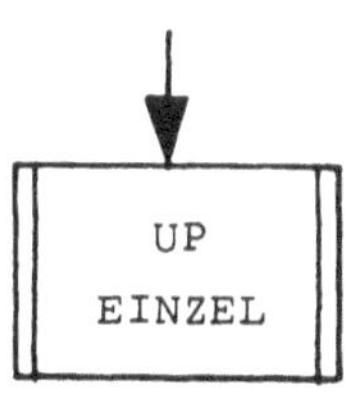

Unterprogramm
Einzelverarbeitung

Das betreffende Unterprogramm selbst wird dann mit Hilfe des Formulars III/21 Unterprogrammverzeichnis beschrieben.

FUTH	UNTERPROGRAMMVERZEICHNIS	erstellt am: 20.1.76 erstellt durch: Hartwig
System	Teilsystem	Untersystem
Rechnungswesen	Buchhaltung	Verkaufsabrechnung
Auftrags-Nr.	Auftragsbezeichnung	Projektstufe
074.1.08	Progr. Prüfprogramm	Programmierung

Name	Inhalt
UPLBEW	Bewegungsdatei lesen
UPLKORR	Korrekturdatei lesen
UPKORREKT	Prüfung, ob zu den im vorhergehenden Lauf VAB02T aufgetretenen Fehlern die Korrektursätze eingegeben wurden
UPAUFTRAG	Verarbeitung der Auftragseingänge (SA 01)
UPSTORNO	Verarbeitung der Stornierungen (SA 02)
UPKUNDE	Neueröffnungen, Änderungen und Löschungen im Kundenstamm (SA 03-05)
UPFEHLER	Verarbeitung im Fehlerfall

Formular III/21

Für die Gestaltung von Programmablaufplänen sind folgende Empfehlungen zu beachten:

- zur Darstellung des Programmablaufs benutzt der Programmierer das Formular Datenflußplan (Beispiel: Formular III/12, Grob-Programmablaufplan)
- zur Darstellung der Symbole werden die DIN-Normen 66001 (Bild 13) verwendet.

Grundlage und Arbeitsunterlage für die Ausarbeitung von Programmablaufplänen sind der Fein-Datenflußplan und die Einzelheiten der Programmvorgabe. Bei der Ausarbeitung selbst hat der Programmierer folgende Regeln zu beachten:

- Der Programmablauf, dargestellt durch die genormten Sinnbilder, erfolgt von oben nach unten oder von links nach rechts
- In den Sinnbildern sind keine Befehle darzustellen, sondern klare Hinweise zu geben, z.B. Menge x Preis = Betrag
- Untergliederung des Programmablaufs in logische Unterprogramme
- Ansprungspunkte innerhalb der Unterprogramme erhalten normierte Kennzeichnungen, z.B. 3/12 (3 = Seiten-Nr., 12 = lfd. Nr.)
- Ständig wiederkehrende Unterprogramme erhalten einheitliche Namen, so z.B.
  VOR = Vorprogramm
  LESEN = Lesen von Dateien

FUTH	DATENFLUSSPLAN Grob-Programmablaufplan	erstellt am: 18.1.76 / erstellt durch: Hartwig
System	Teilsystem	Untersystem
Rechnungswesen	Buchhaltung	Verkaufsabrechnung
Auftrags-Nr.	Auftragsbezeichnung	Projektstufe
074.1.08	Progr. Prüfprogramm	Programmierung

Datenfluß	Erläuterungen

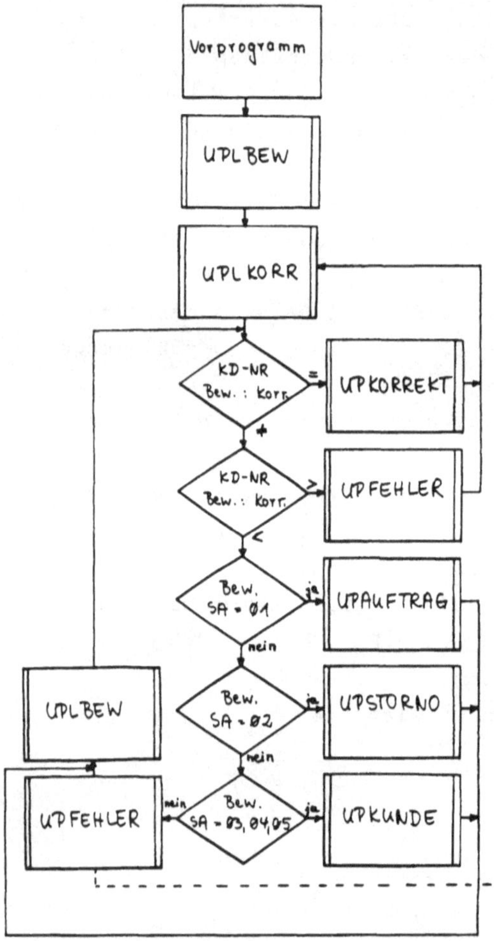

Programm VAB02T
Prüfprogramm

Unterprogramm: Bewegungen lesen

Unterprogramm: Korrekturen lesen

Unterprogramm: Korrektursatz

Unterprogramm: Fehlersatz wurde nicht korrigiert

Unterprogramm: Auftrag verarbeiten

Unterprogramm: Stornierung verarbeiten

Unterprogramm: Kundenstamm ändern

Unterprogramm: Satzart falsch

Formular III/12

FUTH	Sinnbilder für Programm-ablaufpläne nach DIN 66001	Bild 13 (1)

Operation, sofern die folgenden Sinnbilder nicht zutreffen

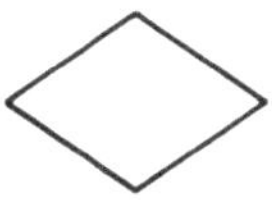

Verzweigung

Unterprogramm

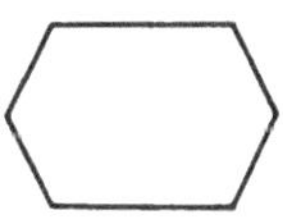

Programm-Modifikation

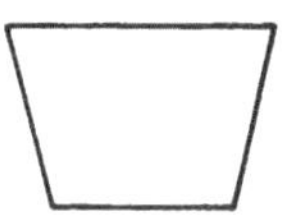

Operation von Hand (Tastatur, Druckschalter, etc.)

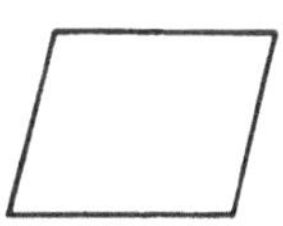

Eingabe, Ausgabe

FUTH	Sinnbilder für Programm-ablaufpläne nach DIN 66001	Bild 13 (2)

Ablauflinie

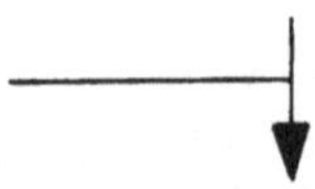
Zusammenführung

Übergangsstelle im Programmablaufplan

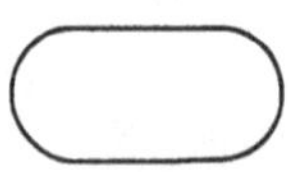
Beginn, Ende, Zwischenhalt (Stop)

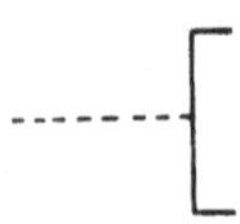
Bemerkungen zum Programmablaufplan

Die Angaben innerhalb der Symbole beschreiben die einzelnen Operationen. Die Beschreibung muß eindeutig und leicht verständlich sein. Das Eintragen symbolischer Maschineninstruktion muß grundsätzlich vermieden werden, weil das Programm dadurch u.U. auf eine bestimmte Maschinentype festgelegt wird. Diese Festlegung ist Sache der Codierung.

FUTH	Sinnbilder für Programmablaufpläne nach DIN 66001	Bild 13 (3)

+	Addition, positives Vorzeichen
-	Subtraktion, negatives Vorzeichen
*	Multiplikation
/	Division
**	Potenzierung
Σ	Summe
$<$	kleiner
$\leq$	kleiner oder gleich
$=$	gleich
$\geq$	größer oder gleich
$>$	größer
$\neq$	ungleich
$\longrightarrow$	verschieben nach; gehen zu
:	Verhältnis, Vergleich

Diese Symbole sollten genauso wie die Sinnbilder der vorhergehenden Seiten von allen Programmierern in allen Programmen einheitlich angewandt werden.

Genauso muß vereinbart werden:

O = Buchstabe O wie OTTO

Ø = Ziffer 0 wie 340

4.432 Codierung

Aufgabe der Codierung ist es, den Programmablaufplan unter Verwendung der Einzelheiten aus der Programmvorgabe und dem Unterprogrammverzeichnis in die vorgeschriebene Programmsprache zu übersetzen. Hierbei ist das Programm so zu codieren, daß es

- die vorgegebenen Richtlinien einhält
- logisch aufgeteilt und übersichtlich gegliedert ist
- unter Berücksichtigung des internen Speicherbedarfs und der Maschinenlaufzeit wirtschaftlich ist
- mit möglichst geringem Testaufwand in der Praxis eingesetzt werden kann
- so transparent ist, daß es auch von anderen Programmierern verstanden werden kann und
- durch Verwendung externer Tabellen und Parameter einen geringen Änderungsaufwand benötigt.

Die Codierung selbst muß in der für die betreffende Hardware und Software festgelegten Programmsprache erfolgen, wobei der Programmierer die für diese Programmsprache geltenden Regeln zu beachten hat. Neben diesen Spezialrichtlinien gibt es allgemeine Codierregeln, die wir im folgenden in Form von Leitsätzen dargestellt haben.

Leitsätze zur Codierung

1. Kennzeichnen Sie bei der Codierung alle Befehle, die nicht sofort vollständig ausgefüllt werden können (Sprungbefehle usw.), damit Sie den unvollständigen Befehl später sofort wiederfinden.

2. Löschen Sie die Datengruppen nicht als Gesamtfeld, wenn die Einzelfelder unterschiedliche Datenformate haben.

3. Lassen Sie nie Befehle oder Programmzweige aus, weil Ihnen der Inhalt unverständlich ist. Klären Sie offene Fragen sofort.

4. Bedenken Sie, daß besonders elegante Lösungen oft mit großem Testaufwand und langen Suchzeiten bei Fehlern verbunden sind. Sie beeinträchtigen die Transparenz des Programms.

5. Denken Sie bei der Codierung an den Programmierer, der später die Pflege des Programms übernehmen muß.

6. Wenn Sie vor die ersten Felddefinitionen eine besonders auffällige Konstante setzen (z.B. **.....***), finden Sie die Felder im Speicherauszug schnell wieder.

7. In Abschnitten, die Sie ohne THRU mit PERFORM durchlaufen, darf kein GO TO stehen (gilt nur für COBOL).

8. Bedenken Sie, daß Felder auf die Sie später addieren wollen, einen formgerechten Anfangswert haben müssen (im Normalfall = Null).

9. Prüfen Sie, ob Teile der Codierung (Definitionen von Ein- und Ausgabedateien, Standard-Unterroutinen im COPY-Format o.ä.) bereits vorhanden sind und aufgerufen werden können.

10. Ändern Sie COPY-Dateien usw. nie ab, ohne mit dem dafür zuständigen Dateiverwalter (z.B. Systemprogrammierer) gesprochen zu haben.

11. Holen Sie sich bei Problemen, die völlig neu für Sie sind, Informationen von Kollegen, die an vergleichbaren Aufgaben gearbeitet haben.

12. Wird es notwendig, einen Programmabbruch zu programmieren, schreiben Sie eine Meldung, aus der der Grund für den Abbruch eindeutig hervorgeht. Die Meldung ist ein Hilfsmittel für die Fehlersuche.

13. Beachten Sie die Restriktionen der Programmierungsabteilung und des Maschinenraums. Wenn dies im Einzelfall nicht möglich oder sinnvoll ist, nehmen Sie Rücksprache mit Ihrem Vorgesetzten.

14. Berücksichtigen Sie auch die Eingabekombinationen in der Codierung, die laut Programmvorgabe nicht vorkommen dürfen.

15. Steuern Sie den Einsatz von Testhilfen (DISPLAY, MONITOR, TRACE) möglichst von außen (durch Vorlaufkarten o.ä.). Sie brauchen dann die Befehle erst bei Fertigstellung des Programms zu entfernen und können sie bei Bedarf ohne eine Neuumwandlung des Programms wahlweise einsetzen.

16. Schreiben Sie sich bereits während der Codierung alle Programmzweige und -teile, Bedingungen und Abhängigkeiten auf, die Ihrer Meinung nach mit den Testdaten unbedingt überprüft werden müssen.

17. Prüfen Sie vor jedem Direktzugriff, ob sich der entsprechende Satz nicht im internen Speicher befindet, da dann ein nochmaliges Lesen überflüssig ist.

Anfangs- und Endnamen von Unterprogrammen, die Namen von Ansprungspunkten innerhalb von Unterprogrammen und die Namen von Datenfeldern sollten einheitlich gekennzeichnet sein. Diese Standardnamen sollten verständlich, das heißt "sprechend" dargestellt werden und über eine entsprechende Kennzeichnung im Programmablaufplan eine Querverbindung zwischen Codierung und Programmablaufplan ermöglichen. Die folgenden Muster können als Beispiele für die Vereinheitlichung von Namen gelten:

1. <u>Anfangs- und Endnamen von Unterprogrammen</u>

Beispiel: Prüfen Eingabekarte

Anfang	Unterprogramm	UPEKARTE
Ende	Unterprogramm	UPEKARTEEX

2. Ansprungspunkte innerhalb von Unterprogrammen

Beispiel:

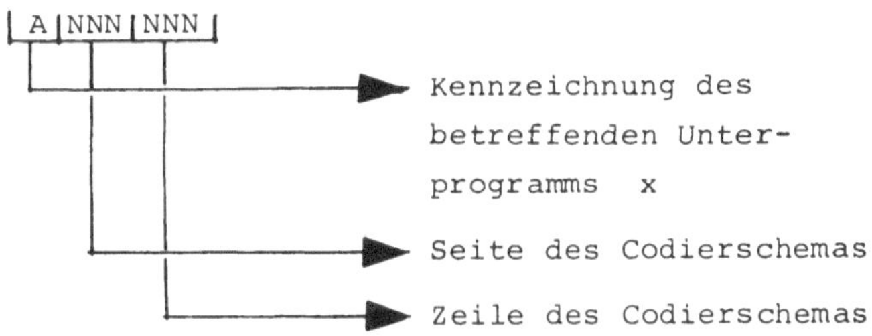

x entsprechend Kennzeichnungstabelle

K e n n z e i c h n u n g s t a b e l l e

V = Vorprogramm
D = Dateisteuerung
L = Lesen
W = Auswahl
G = Gruppenkontrolle, Gruppenwechsel
A = Auswertung
S = Schluß
U = Unterprogramme
B = Bevorrechtigte Verarbeitungen
F = Fehlerblöcke

Beispiel:

Ein Name innerhalb des Gruppenwechselunterprogramms hätte also folgenden Aufbau:

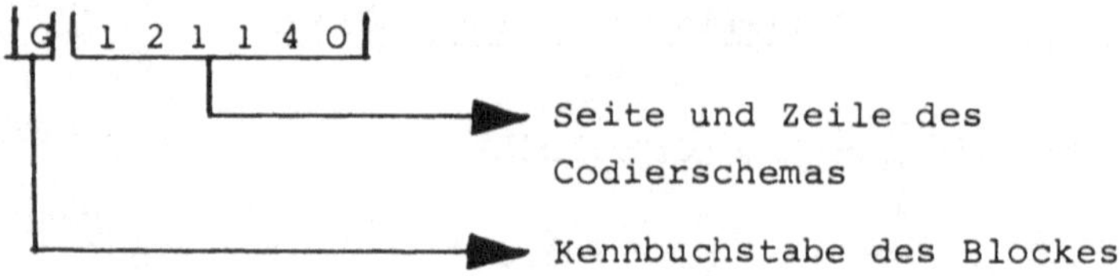

Jeder innerhalb eines Unterprogramms bzw. Programmblockes vergebene Name wird an der entsprechenden Stelle des Ablaufplans vermerkt, um auf diese Weise die direkte Verbindung Ablaufplan zum symbolischen Befehl herzustellen.

3. Datenfelder

Sie sollten zur Kennzeichnung feste Anfangsbuchstaben erhalten, die Auskunft über den Feldtyp geben.

Beispiel:

Z = Arbeits- und Zwischenspeicher
K = Konstanten
RF = Rechenfelder
SU = Summenfelder
VG = Vergleichsfelder
W = Schalter und Kennzeichen
E = Eingabebereiche
A = Ausgabebereiche
T = Tabellen
X = Indexfelder

Nach dem Kennbuchstaben erfolgt dann der nähere Hinweis auf den Feldinhalt.

Besondere Aufmerksamkeit muß innerhalb der Codierung den Programmtabellen gewidmet werden, weil vor allem die zyklische Bearbeitung von Tabellen die Programmlaufzeiten stark belasten kann. Bei der Codierung von Tabellen und Tabellenzyklen ist es daher von großer Bedeutung, daß der Programmierer eine wirtschaftliche Verarbeitungsmethode wählt. Hierzu hilft ihm das Formular III/22 Programmtabellen.

FUTH	PROGRAMMTABELLEN	erstellt am: 25.1.75 erstellt durch: Hartwig
System	Teilsystem	Untersystem
Rechnungswesen	Buchhaltung	Verkaufsabrechnung
Auftrags-Nr.	Auftragsbezeichnung	Projektstufe
074.1.08	Progr. Prüfprogramm	Programmierung

Name	Anzahl Stufen	Anzahl Dimens.	Speicher-bedarf	Prüfung Maximalgrenze	Tabellenursprung	Bemerkungen
T-AUFTRAG	5	1	65	—	SA 01 und SA 02	In der Tabelle werden die Aufträge zwischengespeichert.
T-FEHLER	132	1	132	120210	Fehlerprüfung	Die Fehlerzeile ist (für die Sternkennzeichnung) als Tablle aufgebaut, in die abhängig von der Feldlänge, im Fehlerfall Sterne übertragen werden. (Nach Ausgabe der Zeile auf Blank löschen).

Formular III/22

4.433 Programmtest

Der Programmtest dient dazu, das einzelne Programm auf seine Übereinstimmung mit der Programmvorgabe zu überprüfen. Im einzelnen muß geprüft werden, ob die Programmlogik richtig ist und die Einzelschritte entsprechend der Programmvorgabe ablaufen. Da eine Selbstkontrolle des Programmierers nur eingeschränkt möglich ist, sollte der EDV-Organisator, der die Programmvorgabe ausgearbeitet hat, sowohl die Testdaten erstellen als auch die Testergebnisse kontrollieren. Nur auf diese Weise ist sicherzustellen, daß die Programmtests ordnungsgemäß verlaufen. Vom Programmtest ist der Systemtest zu unterscheiden, der in der Projektstufe Systemeinführung behandelt wird.

Jeder Programmtest sollte durch einen sogenannten Schreibtischtest eingeleitet werden. Der Schreibtischtest bildet eine erste Überprüfung des codierten Programms und ermöglicht es, grobe und relativ einfach festzustellende Programmfehler aufzudecken, ohne hierzu schon die EDV-Anlage zu belasten. Ein effektiver und schneller Schreibtischtest wird am besten durch zwei Programmierer durchgeführt. Während Programmierer 1 die Eingabedaten in der vorgesehenen Reihenfolge angibt, simuliert Programmierer 2, der das Programm erstellt hat, anhand der Umwandlungsliste den Ablauf in der EDV-Anlage, notiert sich alle Zwischenergebnisse und Schalterstellungen und "gibt die ermittelten Ergebnisse aus". Programmierer 1 stimmt dann die ermittelten Ergebnisse mit der vorgegebenen Ausgabedatei ab. Wurde zur Programmerstellung ein normiertes Programmsystem benutzt, ist ein Schreibtischtest für den Test der Programmablaufsteuerung nicht erforderlich.

Bevor der erste Maschinentest beginnt, müssen die Testdaten ausgewählt und auf dem Formular III/23 Testdaten dokumentiert sowie die Testunterlagen für den Test zusammengestellt werden. Die Testdaten müssen folgenden Anforderungen genügen:

- Test der Programmlogik

  Bei diesem Test werden die Hauptzweige des Pro-

FUTH	TESTDATEN	erstellt am: 2.3.76 / erstellt durch: Hartwig
System	Teilsystem	Untersystem
Rechnungswesen	Buchhaltung	Verkaufsabrechnung
Auftrags-Nr.	Auftragsbezeichnung	Projektstufe
074.1.08	Prog. Prüfprogramm	Programmierung

Datei: Eingabesätze

Lfd. Nr.	SA (1–2)	K-Nr. (3–7)	PZ (8)	Auftr.-Dat. (9–14)	Auftr.-Nr. (15–20)	Art.-Nr (21–24)	Art.-M. (25–28)	Art.-Pr. (29–32)	Art.-Nr (33–36)	Art.-M (37–40)	Art.-Pr. (41–44)	Art.-Nr (45–48)	Art.-M (49–52)	Art.-Pr. (53–56)	Art.-Nr (57–60)	Art.-M (61–64)	Art.-Pr. (65–68)	Art.-Nr (69–72)	Art.-M. (73–76)	Art.-Pr. (77–80)	Bemerkungen
01	01	03215	8	030376	A01346	1436	10	1750	1444	110	4575	2010	20	8000	2146	1	4425	2148	17	1410	Auszug
02	01	03305	4	280276	007683	1A36	5	1550	1204	1000	2000										falsche PZ u. Art.-Nr
03	01	58730	3	320276	WG6351	1444	1200	4575													falsches Auftr.-Dat
04	01	58735	4	030376	1100	1437	15	2010	1546	80	5020	2176	4	3500	2204	3	7000	2260	13	2000	
05	01	58735	4	030376	1101	2265	3	4730	2317	2	3010	314A	2	4750							falsche Art.-Nr.
06	01	58737	0	040376	267659	1436	20	1750													

Formular III/23

gramms geprüft. Der normale Programmablauf wird vom Programmstart bis zum Programmende durchgetestet.

- Test der Programmnebenzweige
  Hierbei werden alle Zweige geprüft, die außerhalb der normalen Arbeitsfolge liegen. Dies sind selten vorkommende Paarigkeitskombinationen, von außen (durch Parameterkarten, Vorlaufkarten o.ä.) gesteuerte Sonderbedingungen, Jahreswechselroutinen usw.

- Test der programmierten Kontrollen
  Es werden Testdaten eingegeben, die alle theoretisch vorkommenden Möglichkeiten und ungültigen Angaben enthalten, um so die Stabilität des Programms sicherzustellen.

Alle Testdaten müssen so aufgebaut sein, daß mit möglichst wenigen Daten alle Programmzweige getestet werden können. Dies ist notwendig, um

- die Laufzeit für die Maschinentests auf ein Minimum beschränken
- die Testauswertungen gezielt durchführen und
- die Testhilfen ohne übermäßigen Aufwand einsetzen zu können.

Nach der fehlerfreien Umwandlung des Programms und dem Lochen der Steuerkarten stellt der Programmierer die für den Testlauf erforderlichen Testdaten zusammen. Sind für den Test Ausgangsdaten erforderlich, die durch besondere Hilfsprogramme gewonnen werden müssen, informiert der Programmierer hierüber rechtzeitig den betreffenden Projektleiter. Beide entscheiden gemeinsam darüber, ob solche Programme zu schreiben sind, oder mit dem Test solange gewartet werden soll, bis alle Ausgangsdaten zur Verfügung stehen.

Für die Durchführung der Maschinentests benutzt der Programmierer das Formular Testanweisung (Formular III/24).

FUTH	TESTANWEISUNG	erstellt am: 5.3.76 erstellt durch: Hartwig
System	Teilsystem	Untersystem
Rechnungswesen	Buchhaltung	Verkaufsabrechnung
Auftrags-Nr.	Auftragsbezeichnung	Projektstufe
074.1.08	Progr. Prüfprogramm	Programmierung

Programm: VABQ2T Prüfprogramm	Ksp.-Bedarf: 28 kB
Programmierer: Hartwig	Laufzeit ca.: 10 Min.
Tel.-Nr.: 244	Druckausgabe ca.: 20 Blatt
Eigentest: nein	Priorität: 1

Gerät	Dateiname	Archiv-Nr.	E	A	Bemerkungen
	VABEIN01		X		ges. Eingaben von
	VABEIN02		X		falsche Eingaben Vortag
	KUDAT	PL414.12	X	X	Kundenstammdatei
	VABAWS01			X	Leerband
	VABAWS02			X	"
				X	Eingabe- u. Fehler-
					protokoll (Blankoliste)

Testdurchführung				Testbericht			
Lfd. Nr.	Datum	Testhinweise	Progr.	Datum	Laufzeit	Testergebnisse	Op.
1	5.3.	VABEIN01 sichern	Ha	5.3.	8 Min.	abgebrochen, gesichert	Zi
2	7.3.		Ha	8.3.	10 Min.		Zi
3	10.3.	VABEIN01 sichern	Ha	10.3.	11 Min.	gesichert	Zi

Formular III/24

4.44 Kontrolle der Programmierung

Jedem Maschinentest folgt eine Auswertung der Testergebnisse, bei der der Programmierer prüft, ob

- das Programm ohne Abbruch beendet werden konnte
- die auf die verschiedenen Datenträger und Listen ausgegebenen Daten fehlerfrei sind und
- Hinweise und Anweisungen ordnungsgemäß ausgegeben wurden.

Erst wenn die Testergebnisse dem geplanten Programmablauf der Programmvorgabe entsprechen und dies durch den EDV-Organisator, der die Programmvorgabe ausgearbeitet hat, überprüft und bestätigt wird, gilt das Programm als ausgetestet und abgenommen.

4.5 Systemeinführung

4.51 Aufgaben der Systemeinführung

Nachdem das System mit allen organisatorischen und programmtechnischen Einzelheiten fertiggestellt ist, muß es entsprechend dem Umstellungstermin in den Fachabteilungen und im Rechenzentrum eingeführt werden. Im Gegensatz zu den anderen, einander folgenden Projektstufen muß ein Teil der hier genannten Aufgaben bereits vor dem Abschluß der Programmierungsarbeiten eingeleitet oder durchgeführt werden. Zu den vorgezogenen Arbeiten gehören insbesondere die Planung der Systemeinführung, die Übernahme von Datenbeständen und die Schulung der Führungskräfte und Mitarbeiter in den Fachabteilungen. Die Verantwortung für die Durchführung der Systemeinführung liegt beim Projektleiter des Umstellungsteams, während die Systemeinführung selbst durch alle beteiligten Mitarbeiter sowohl des Umstellungsteams als auch der Fachabteilungen und des Rechenzentrums durchgeführt wird.

Zu den Aufgaben der Planung, Durchführung und Kontrolle innerhalb der Projektstufe Systemeinführung gehören:

- die Planung der Systemeinführung
- die Übernahme der Datenbestände
- der Systemtest
- die Schulung der Mitarbeiter in den Fachabteilungen
- die Abschlußdokumentation
- die Übergabe des neuen Systems
- die Starthilfe und
- die Abschlußkontrolle.

Bild 14 zeigt eine schaubildliche Übersicht über die Aufgaben innerhalb der Systemeinführung, und in Bild 15 ist der Tätigkeitenkatalog der Systemeinführung dargestellt.

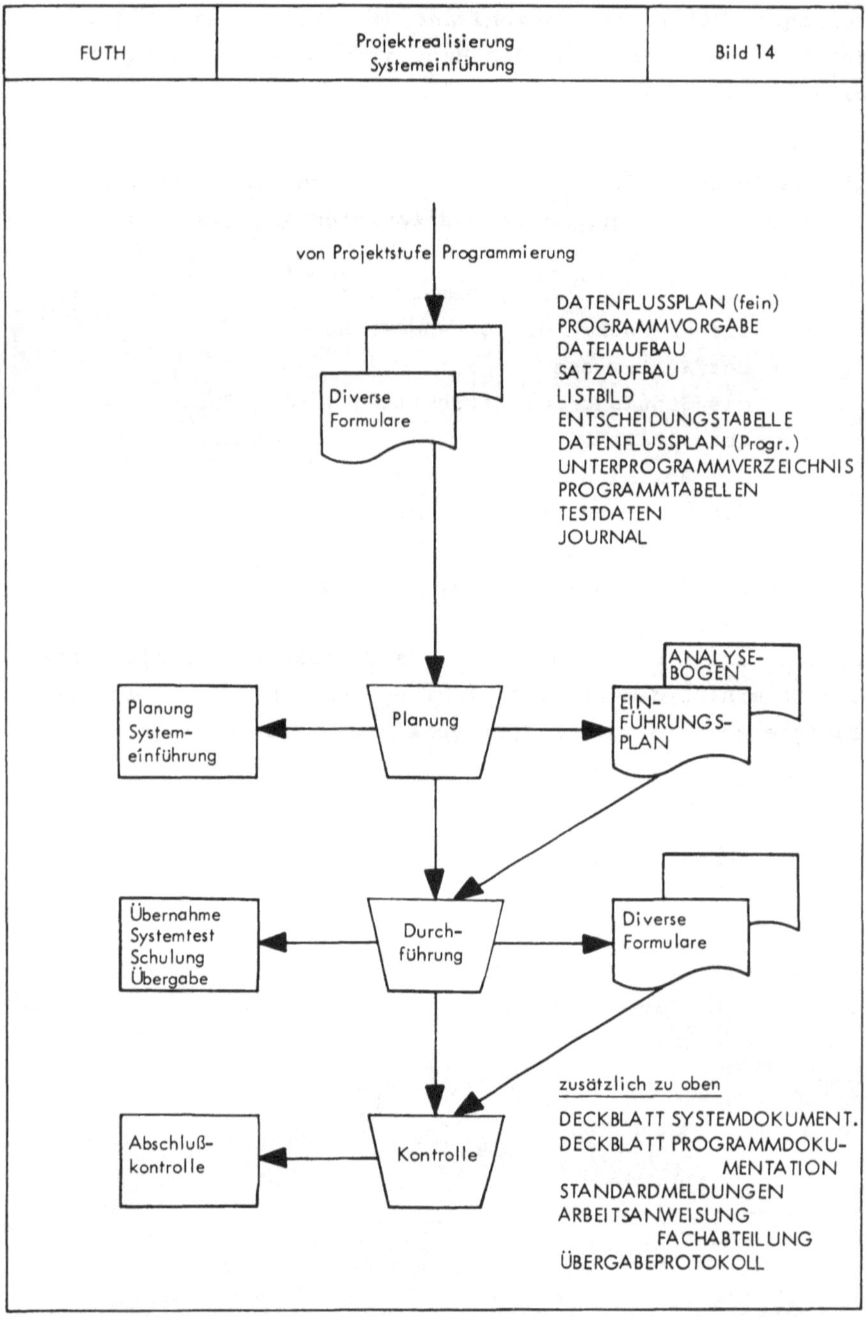
FUTH
Projektrealisierung
Systemeinführung
Bild 14
von Projektstufe Programmierung
Diverse Formulare
DATENFLUSSPLAN (fein)
PROGRAMMVORGABE
DATEIAUFBAU
SATZAUFBAU
LISTBILD
ENTSCHEIDUNGSTABELLE
DATENFLUSSPLAN (Progr.)
UNTERPROGRAMMVERZEICHNIS
PROGRAMMTABELLEN
TESTDATEN
JOURNAL
Planung Systemeinführung
Planung
ANALYSE-BOGEN
EINFÜHRUNGS-PLAN
Übernahme
Systemtest
Schulung
Übergabe
Durchführung
Diverse Formulare
zusätzlich zu oben
Abschlußkontrolle
Kontrolle
DECKBLATT SYSTEMDOKUMENT.
DECKBLATT PROGRAMMDOKUMENTATION
STANDARDMELDUNGEN
ARBEITSANWEISUNG FACHABTEILUNG
ÜBERGABEPROTOKOLL

FUTH	Tätigkeitenkatalog Systemeinführung	Bild 15

Tätigkeiten	Hilfsmittel
Planung der Systemeinführung	EINFÜHRUNGSPLAN
Vorbereitung der Systemeinführung	ANALYSEBOGEN Systemeinführung
Übernahme der Datenbestände	
Systemtest	
Schulung der Mitarbeiter	
Abschlußdokumentation	DECKBLATT SYSTEMDOKUMENTATION DECKBLATT PROGRAMMDOKUMENTATION STANDARDMELDUNGEN ARBEITSANWEISUNG FACHABTEILUNG
Übergabe des neuen Systems	ÜBERGABEPROTOKOLL
Abschlußkontrolle	

4.52 Planung der Systemeinführung

Bevor die einzelnen Maßnahmen der Systemeinführung durchgeführt werden, ist zunächst die Ausarbeitung eines Einführungsplans (Formular III/25)[*] erforderlich. Es sei nochmals betont, daß die Einführungsplanung und -vorbereitung einschließlich der Übernahme der Datenbestände und der Mitarbeiterschulung nicht erst in dieser Projektphase, sondern parallel zur Programmierung ablaufen müssen.

Zu den Vorbereitungsarbeiten der Systemeinführung gehört ferner, daß die einzelnen Merkmale der Systemeinführung analysiert werden, was wiederum mit Hilfe des bekannten Analysebogens (Formular III/26) geschieht.

FUTH	ANALYSEBOGEN	erstellt am: 20.5.76 erstellt durch: Schmidt	1/2
System	Teilsystem	Untersystem	
Rechnungswesen	Buchhaltung	Verkaufsabrechnung	
Auftrags-Nr.	Auftragsbezeichnung	Projektstufe	
074.1.09	Einf. Verkaufsabrechnung	Systemeinführung	

Fragen	Antworten
1. Welche Datenbestände müssen erfaßt und übernommen werden?	Kundendatei
2. Wie viele Sätze umfassen die Bestände?	ca. 3.800
3. Auf welchen Datenträgern sollen die Bestände erfaßt werden?	Magnetbanderfassung und Magnetplattenspeicherung, index-sequentiell
4. Zu welchen Terminen soll die Übernahme erfolgen?	Erfassen = Wo 15/16 1976 übertragen = Wo 17/19 Dateiaufbau = Wo 20
5. Wer ist für die Übernahme in der Fachabteilung verantwortlich?	H. Günter, Buchhaltung
6. Wer muß in den Fachabteilungen geschult werden?	alle Mitarbeiter der Buchhaltung, die mit der Verkaufsabrechnung befaßt sind
7. Wann soll die Schulung erfolgen?	Wo 20/22 1976 und Wo 26/27
8. Welche Sachmittel müssen für die Schulung bereitgestellt werden?	Datenflußplan Belegmuster Anweisungen
9. Wer führt die Schulung durch?	alle EDV-Organisatoren

Formular III/26

Fragen	Antworten
10. Wer erstellt die Testdaten für den Systemtest?	alle Mitarbeiter der Buchhaltung (Verkaufsabrechnung)
11. Wer führt den Systemtest durch?	alle Programmierer
12. Wer wertet die Testlisten aus?	alle Mitarbeiter der Buchhaltung (Verkaufsabrechnung)
13. Zu welchem Termin soll der Systemtest stattfinden?	Testdaten = Wo 15/18 1976 Testdurchführung = Wo 19/22 Testauswertung = Wo 20/23
14. Wer arbeitet die Abschlußdokumentation aus?	alle Projektmitarbeiter
15. Soll die Abschlußdokumentation zusätzliche Unterlagen umfassen?	nein
16. Wann soll die Abschlußdokumentation ausgearbeitet werden?	Wo 24/26 1976
17. Wer ist für die Übergabe des neuen Systems verantwortlich?	Grammann, Projektleiter
18. Werden alle Dokumentationsunterlagen übergeben?	ja
19. Wann soll die Übergabe erfolgen?	Wo 27 1976
20. Ist eine Starthilfe erforderlich?	ja
21. Wer soll an der Starthilfe beteiligt sein?	in der Buchhaltung alle EDV-Organisatoren, im Rechenzentrum alle Pro= grammierer

FUTH	ANALYSEBOGEN	erstellt am: 20.5.76 erstellt durch: Schmidt	2/2
System	Teilsystem	Untersystem	
Rechnungswesen	Buchhaltung	Verkaufsabrechnung	
Auftrags-Nr.	Auftragsbezeichnung	Projektstufe	
074.1.09	Einf. Verkaufsabrechnung	Systemeinführung	

Fragen	Antworten
22. Über welchen Zeitraum soll die Starthilfe gehen?	Wo 27/30 1976
23. Wer führt die Projektabschlußkontrolle durch?	Gaumann, Projektleiter
24. Soll die Abschlußkontrolle mehr als die normalen Kontrollen umfassen?	nein

Formular III/26

4.53 Durchführung der Systemeinführung

Die Durchführung der Systemeinführung erstreckt sich auf die Punkte

- Übernahme der Datenbestände
- Systemtest
- Schulung der Mitarbeiter in den Fachabteilungen
- Abschlußdokumentation
- Übergabe des neuen Systems und
- Starthilfe.

Zu den Arbeiten, die rechtzeitig geplant und durchgeführt werden müssen, gehört die Übernahme der Datenbestände. Alle bisher in Karteien, Konten und Listen aufgeführten Stamm- und Bestandsdaten müssen auf den neuesten Stand gebracht und auf Erfassungsbelege übertragen werden, wobei insbesondere geänderte oder neue Schlüssel zu beachten sind. Die Datenbestände müssen anschließend auf Datenträger übertragen und in die EDV-Anlage eingegeben werden, um die entsprechenden Dateien maschinell aufbauen zu können. Datenerfassungsbelege, Datenträger sowie Eingabe- und Prüfprogramme sollten möglichst den Versionen entsprechen, wie sie später zur Erfassung, Eingabe und Speicherung erforderlich sind. Es hat sich als zweckmäßig erwiesen, die zu übernehmenden Bestands- und Stammdateien nicht erst zum Startzeitpunkt des neuen Systems, sondern bereits vorher maschinell aufzubauen und zu führen. Auf diese Weise ist eine sichere Handhabung bis zum Programmanlauf gewährleistet. Die vorzeitige Aufnahme bedingt jedoch zugleich, daß der maschinelle Änderungsdienst ebenfalls von diesem Zeitpunkt an erfolgt.

Unter dem Ausdruck Systemtest versteht man einen abschließenden Generaltest, der zweierlei Zwecken dient, nämlich

- alle Programme des Systems auf ihre richtige Verknüpfung zu prüfen (= Programmfolgetest)

und
- das neue System in allen seinen Teilen auf seine Übereinstimmung mit der Wirklichkeit zu überprüfen (= Organisations- oder Praxistest).

Der Programmfolgetest muß dem Praxistest vorweggehen. Während für den Programmfolgetest die aus den vorangegangenen Programmtests stammenden Testdaten mit geringen Änderungen benutzt werden können, müssen für den Praxistest neue Testdaten gewonnen werden. Diese Testdaten sind möglichst von den betreffenden Fachabteilungen unter Assistenz der EDV-Organisatoren zu erstellen und beziehen sich auf den sachlich orientierten Systemablauf. Für die Dokumentation der Testdaten wird das bekannte Formular Testdaten (Formular III/23) benutzt. Auch die Auswertung der Testergebnisse sollte wiederum von den Mitarbeitern der Fachabteilungen erfolgen, da nur sie objektiv und neutral die richtige Funktionsweise des neuen Systems überprüfen können.

Die Schulung der Führungskräfte und Mitarbeiter in den betroffenen Fachabteilungen ist von einer allgemeinen Einführung in die EDV zu trennen. Während sich die EDV-Einführung auf die Möglichkeiten und Grenzen der EDV, die Zusammenarbeit zwischen EDV-Abteilung und Fachabteilungen usw. erstreckt und frühzeitig bei Einrichtung der EDV im Unternehmen erfolgen sollte, bezieht sich die hier genannte Einführungsschulung projektgebunden auf die Handhabung des neuen Systems, also vor allem auf die Datenerfassung, den Stammdaten-Änderungsdienst und die Auswertung der EDV-Listen.

Die Schulung sollte jeweils vor der Übernahme des neuen Systems erfolgen, sich auf alle Personen erstrecken, die mit der Handhabung des neuen Systems betraut sind und gut vorbereitet sein. Datenflußpläne, Muster der Erfassungsbelege und EDV-Listen sowie Arbeitsanweisungen für die Fachabteilung (Formular III/27) dienen als Hilfsmittel für die Schulung und Einweisung der Mitarbeiter in den Fachabteilungen.

FUTH	ARBEITSANWEISUNG FACHABTEILUNG	erstellt am: 2.6.76 erstellt durch: Schmidt
System	Teilsystem	Untersystem
Rechnungswesen	Buchhaltung	Verkaufsabrechnung
Auftrags-Nr.	Auftragsbezeichnung	Projektstufe
074.1.09	Einführung Verk.-Abr.	Systemeinführung

Abteilung: Buchhaltung (Verk.-Abrechnung)	Tätigkeit: Auftragserfassung
Verantwortlich: H. Käufer	Belege: Kundenauftrage / DE-Belege
Sachbearbeiter: H. Franzen	Termin: täglich 8.00 - 11.00
gültig ab: 1.7.76	Weiterleitung an: RZ bis: 12.00

Lfd. Nr.	Datenfeld	Bearbeitung	Bemerkungen
1	Kunden-Nr.	Wenn nicht aufgeführt, entspr. Kundenliste eintragen	xxxxx x
2	Auftragsdatum	Wenn nicht eingetragen, Tagesdatum einsetzen	TT MM JJ
3	Auftrags-Nr.	übernehmen	6stellig linksbündig
4	Artikel		
	Artikel-Nr.	Wenn nicht eingetragen, aus Artikel-Verzeichnis entnehmen	xxxx
	Artikel-Menge	entspr. Kundenauftrag	xxxx rechtsbündig
	Artikel-Preis	entspr. Kundenauftrag	xxxx ohne Komma rechtsbündig mit Pfennignullen
		Wiederholung: max. 5 Artikel-Positionen	

Formular III/27

Sinn und Zweck der Abschlußdokumentation ist es, das umgestellte System in seinen Zusammenhängen und Einzelheiten transparent zu machen, damit Eingriffe und Änderungen jederzeit und mit möglichst geringem Aufwand durchzuführen sind. Jede Dokumentation verliert jedoch ihren Sinn, wenn nicht auch alle Programmänderungen in den Dokumentationsunterlagen berücksichtigt werden und die Dokumentation somit immer auf dem neuesten Stand ist. Die aus den anderen Projektstufen stammenden Dokumentationsunterlagen werden hier, soweit sie zur Abschlußdokumentation gehören, überarbeitet, auf den neuesten Stand gebracht, durch weitere Unterlagen vervollständigt, sauber geschrieben und gezeichnet, vervielfältigt und an die dazu vorgesehenen Stellen im Unternehmen verteilt. Die Tabelle in Bild 16 zeigt eine Übersicht über die System- und Programmdokumentation. Zu der in der Projektstufe Systemeinführung noch zu erstellenden Dokumentation gehören

- das Deckblatt Systemdokumentation (Formular III/28)
- das Deckblatt Programmdokumentation (Form. III/29)
- und die Standardmeldungen (Formular III/30).

Es empfiehlt sich, drei vollständige Dokumentationssätze zu erstellen. Ein kompletter Satz bleibt als Arbeitsunterlage in der EDV-Abteilung, ein weiterer Satz wird zur Sicherung ausgelagert, während der dritte Satz auf die verschiedenen Stellen, insbesondere das Rechenzentrum und die Fachabteilungen, aufgeteilt wird.

FUTH	Tabelle Abschlußdokumentation	Bild 16
Name	Inhalt / Bemerkungen	aus Projektstufe
EDV-ANTRAG	Antrag auf Voruntersuchung	-
EDV-AUFTRAG	Ergebnis der Voruntersuchung	-
ORG.-AUFBAU	Organisationshierarchie	Problemanalyse
ORG.-ABLAUF IST	Tatbestände und Änderungen	Problemanalyse
DATENFLUSS-PLAN grob	grober Soll-Datenfluß	Systementwicklung
ORG.-ABLAUF SOLL	Soll-Daten	Systementwicklung
DATENFLUSS-PLAN fein	feiner Soll-Datenfluß	Detailorganisation
DATEIAUFBAU	je Datei	Detailorganisation
SATZAUFBAU	je Datensatz	Detailorganisation
LISTBILD	je Ausgabeliste	Detailorganisation
ENTSCHEIDUNGS-TABELLE	je Verarbeitungsschritt	Detailorganisation
DATENFLUSS-PLAN Progr.	grob und oder fein / je Programm	Programmierung
UNTERPROGRAMM-VERZEICHNIS	Verzeichnis aller Unterprogramme/je Progr.	Programmierung
PROGRAMM-TABELLEN	Verzeichnis aller Programmtabellen/je Progr.	Programmierung
TESTDATEN	Testdatenaufstellung / je Programm	Programmierung
JOURNAL	Umwandlungsliste / je Programm	Programmierung
DECKBLATT SYSTEM-DOKUMENTATION	Inhaltsverzeichnis Systemdokumentation	Systemeinführung
DECKBLATT PRO-GRAMMDOKUM.	Inhaltsverzeichnis Programmdokument./je Progr	Systemeinführung
STANDARD-MELDUNGEN	standardisierte Programmeldungen	Systemeinführung
ARBEITSANW. FA	Arbeitsanweisungen Fachabteilung	Systemeinführung
ÜBERGABE-PROTOKOLL	Übergabeprotokoll	Systemeinführung

FUTH	DECKBLATT SYSTEMDOKUMENTATION	erstellt am: 15.6.76 erstellt durch: Schmidt
System	Teilsystem	Untersystem
Rechnungswesen	Buchhaltung	Verkaufsabrechnung
Auftrags-Nr.	Auftragsbezeichnung	Projektstufe
074.1.09	Einführung Verk.-Abr.	Systemeinführung

EDV-Auftrag vom: 30.4.75 Projektleiter: Grammann Projektmitarbeiter: Schmidt, Zoran, York, Hartwig, Redlich, Bang, Günter	Einsatz ab: 1.7.76 Programme: VAB01T bis VAB11T VAB12M bis VAB16M

Lfd. Nr.	Name	Blatt	Änderung					
01	EDV-ANTRAG	01						
02	EDV-AUFTRAG	02-04						
03	ORG.-AUFBAU	05						
04	ORG.-ABLAUF IST	06						
05	DATENFLUSSPLAN grob	07-08						
06	ORG.-ABLAUF SOLL	09						
07	DATENFLUSSPLAN fein	10-14						
08	DATEIAUFBAU	15-20						
09	SATZAUFBAU	21-28						
10	LISTBILD	29-36						
11	ENTSCHEIDUNGSTABELLE	37-54						
12	ARBEITSANWEISUNG	55-60						
13	TERMINPLAN	61						
14	ÜBERGABEPROTOKOLL	62						

Formular III/28

FUTH	DECKBLATT PROGRAMMDOKUMENTATION	erstellt am: 8.6.76 erstellt durch: Hartwig
System	Teilsystem	Untersystem
Rechnungswesen	Buchhaltung	Verkaufsabrechnung
Auftrags-Nr.	Auftragsbezeichnung	Projektstufe
074.1.09	Dok. Prüfprogramm	Systemeinführung

Progr.-Name: VAB02T	Übergabe am: 14.4.76
Progr.-Bezeichnung: Prüfprogramm	Übergabe durch: Redlich
Progr.-Sprache: Cobol	Freigabe am: 28.5.76
Programmierer: Hartwig	Freigabe durch: Grammann
Programmgröße: 26 k	Einsatz ab: 1.7.76
Max. Programmgröße: 32 k	

Lfd. Nr.	Name	Blatt	Änderung					
01	DATENFL.-PLAN Progr.	01-05						
02	Programmbeschreibung verbal	06-08						
03	UNT.-PROGR.-VERZEICHNIS	09						
04	PROGRAMMTABELLEN	10						
05	TESTDATEN	11-25						
06	JOURNAL	X						
07	STANDARDMELDUNGEN	26						
08	Testergebnisse	X						
09	Auflistung Steuerkarten	X						
10	Quellenprogramm	X						
11	Maschinenprogramm	X						

Formular III/29

FL TH	STANDARDMELDUNGEN	erstellt am: 5.6.76 erstellt durch: Hartwig
System	Teilsystem	Untersystem
Rechnungswesen	Buchhaltung	Verkaufsabrechnung
Auftrags-Nr.	Auftragsbezeichnung	Projektstufe
074.1.09	Dokumentation Prüfprogramm	Systemeinführung

Programm-Name: VABO2T
Programm-Bezeichnung: Prüfprogramm
Programmierer: Hartwig

Programmsprache: Cobol
I = Information (keine Antwort)
F = Fehler (Nachricht an Programmierer oder Sachbearbeiter)
A = Antwort wird erwartet

Lfd. Nr.	Schlüssel	Nachricht	Antwort	Ausgabegerät	Maßnahmen
01	F	SORTIERFEHLER VABEIN02	—	Drucker	Unterlagen an AV zurück
02	F	SORTIERFEHLER KUDAT	—	Drucker	Unterlagen an AV zurück
03	A	TAGESDATUM EINGEBEN	TTMMJJ	Konsole	—

Formular III/30

Die Übergabe des neuen Systems von Umstellungsteam an die Fachabteilungen und das Rechenzentrum sollte ordnungsgemäß protokolliert und quittiert werden, wozu das Formular Übergabeprotokoll (Formular III/31) dient. Abgesehen von einer Starthilfe und der Abschlußkontrolle sind mit der Übergabe die Projektarbeiten abgeschlossen, und das System gilt als ordnungsgemäß abgenommen.

Unabhängig von der Übergabe und Abnahme müssen die EDV-Organisatoren und Programmierer des Projektteams das System in der Anlaufphase überwachen und jederzeit bereit sein, wenn es zu Fehlern oder anderen Problemen kommt. Die EDV-Organisatoren werden den Anlauf des Systems in den Fachabteilungen überwachen, während die Programmierer dem Rechenzentrum zur Verfügung stehen.

FUTH	ÜBERGABEPROTOKOLL	erstellt am: 15.6.76 erstellt durch: Grammann
System	Teilsystem	Untersystem
Rechnungswesen	Buchhaltung	Verkaufsabrechnung
Auftrags-Nr.	Auftragsbezeichnung	Projektstufe
074.1.09	Übergabe	Systemeinführung

Übergabe am: 19.6.76	Freigabe am: 24.6.76
Übergabe durch: Grammann, Projektleiter	Freigabe durch: Weine, RZ-Leiter
Übergabe an: Hermann, AV	Einsatz ab: 1.7.76

Bereitgestellte Mittel

Name	Bezeichnung	Bemerkungen
VAB01T	Sort.	Standard-Progr. mit Änderungen
VAB02T	Prüfprogramm	—
VAB03T	Mischprogramm	Standard-Progr. mit Änderungen
		(Auszug)

Formular III/31

4.54 Kontrolle der Systemeinführung

Die Umstellungsarbeiten müssen mit einem Vergleich der Planwerte mit den Ist-Werten enden, damit einmal die Abweichungen in den Terminen sowie im Zeit- und Kostenaufwand einschließlich ihrer Ursachen festgestellt und zum anderen Erfahrungswerte für künftige Projektplanungen gesammelt werden. Nur dieser Weg kann langfristig zu realistischen Zeit- und Kostenschätzungen führen.

Bezogen auf den EDV-Auftrag, werden die Istwerte aus den einzelnen Projektaufträgen ermittelt und addiert. Die Summe wird dann, unterteilt nach Personaleinsatz, Zeitaufwand und Kosten und getrennt für Fachabteilungen, EDV-Organisation/ Programmierung und Rechenzentrum, den geplanten Werten auf dem EDV-Auftrag gegenübergestellt. Aus dem Soll-/Istvergleich lassen sich die Abweichungen in den einzelnen Punkten ablesen.

5. Änderungsdienst

Ziel und Sinn des Änderungsdienstes ist es, alle eingesetzten Programme eines Systems auf dem aktuellen Stand zu halten. Programmänderungen können sowohl aus programmtechnischen Gründen (Beseitigung von Fehlern, Verbesserung der Programmstruktur usw.) als auch sachbezogen (gesetzliche oder tarifliche Änderungen, betriebliche Änderungen, Verbesserung des Informationswesens usw.) erforderlich sein. Um den Änderungsaufwand so gering wie möglich zu halten, sollten Programmänderungen so wenig wie möglich bzw. nicht einzeln, sondern gesammelt durchgeführt werden. Bei allen Einschränkungen werden sich jedoch Programmänderungen nie ganz vermeiden lassen. Mit einer Programmänderung ist immer eine Änderung der Programmdokumentation verbunden. Ob dagegen die Steuerkarten und Arbeitsanweisungen geändert werden müssen, hängt vom Einzelfall ab. Abgesehen vom formalen Änderungsablauf, entsprechen die Tätigkeiten bei der Programmänderung denjenigen der Neuprogrammierung, nur daß bei Programmänderungen bereits auf Dokumentationsunterlagen zurückgegriffen werden kann.

Programmänderungen werden von der auslösenden Abteilung (Fachabteilung, EDV-Abteilung) in der Regel formlos beantragt und nach der Genehmigung durch den EDV-Leiter dem zuständigen Projektleiter übergeben. Dieser füllt einen Auftrag Programmänderungen (Formular III/32) aus, in dem die wichtigsten Angaben zum Änderungsantrag, zum Änderungsauftrag, zum Inhalt der Änderung (insgesamt und je Programm), zur Fertigstellung der Änderung, zur Freigabe der Änderung und zum Einsatz der Änderung dokumentiert werden und übergibt jedem Programmierer, der an der Änderung beteiligt ist, eine Kopie des Änderungsauftrages. Die Durchführung der Programmänderung selbst unterscheidet sich nur inso-

FUTH	AUFTRAG PROGRAMMÄNDERUNGEN	erstellt am: 12.10.76 erstellt durch: Fritzler
System	Teilsystem	Untersystem
Rechnungswesen	Buchhaltung	Verkaufsabrechnung
Auftrags-Nr.	Auftragsbezeichnung	Projektstufe
Änderungsauftrag 421	Einbau Kreditprüfung	Änderungsdienst

Änderungsantrag	Änderungsauftrag
Abteilung: Buchhaltung, Maltus Datum: 8.10.76 Termin: 1.12.76 Begründung: Von der GL geforderter Einbau eines Kreditlimits	Projektleiter: Grammann Termin: 15.11.76 Bemerkungen: Test erfolgt mit Praxisdaten

Kurzbeschreibung der Änderung: Einbau Schlüssel für Kreditlimit, Änderung der Kundendatei, Prüfung des Kreditlimits im Prüfprogramm

Progr.-Name Version alt	Progr.-Name Version neu	Änderungshinweis	Programmierer	Solltermin Anfang	Solltermin Ende	Zeit Soll	Freigabe	Einsatz ab	Dokum. geänd.
VABO2T	VABO2T	Prüfung auf Kreditlimit entspr. Schlüssel, Abweisung und Kennzeichnung im Protokoll	Hartwig	15.10.	15.11.76	20 MT	Gramm	1.12.76	Hartwig

Formular III/32

fern von den Tätigkeiten bei der Ausarbeitung eines Programms, als daß das Schwergewicht hier bei der Codierung, beim Testen und bei der Dokumentationsänderung liegt. Nach Fertigstellung der Programmänderungen erfolgt eine Freigabemeldung an die Arbeitsvorbereitung mit Hilfe des Formulars Freigabe Programmänderungen (Formular III/33).

FUTH	FREIGABE PROGRAMMÄNDERUNGEN	erstellt am: 18.11.76 erstellt durch: Grammann
System	**Teilsystem**	**Untersystem**
Rechnungswesen	Buchhaltung	Verkaufsabrechnung
Auftrags-Nr.	**Auftragsbezeichnung**	**Projektstufe**
Änderungsauftrag 421	Einbau Kreditprüfung	Änderungsdienst

Projektleiter: Grammann
Programmierer: Hartwig

Bemerkungen:

Programme alt				Programme neu			
Programmname Version alt	Einsatz bis	Löschdatum	Bibliothek	Programmname Version neu	Einsatz ab	Bibliothek	Bemerkungen
VAB02T	30.11.76	31.12.76	PRAXLIB	VAB02T2	1.12.76	TESTLIB	mit Vers.-Nr. nach PRAXLIB

Formular III/33

Anhang

Begriffserklärungen

Ablauforganisation	Organisation des Arbeitsablaufs, d.h. die sinnvolle Ordnung der Arbeitsschritte in der Reihenfolge ihrer Durchführung
Abschlußdokumentation	Zusammenstellung der Unterlagen nach Abschluß der Umstellungsarbeiten, bestehend aus System- und Programmdokumentation
Abschlußkontrolle	zeit- und kostenmäßige Kontrolle nach Abschluß eines Umstellungsprojekts
Änderungsauftrag	Arbeitsauftrag an einen Programmierer, ein bestimmtes Programm zu ändern
Änderungsdienst	Bezeichnung aller Aktivitäten für die Durchführung von Programmänderungen
alphabetisches Feld	Datenfeld, in dem alphabetische Angaben gespeichert sind
Analyse der Programmvorgabe	erster Schritt der Programmierung, bei dem die Programmvorgabe in einzelne Teile zerlegt wird
Analysebogen	Hilfsmittel für die Durchführung von Untersuchungen

Ansprungspunkt	Eingang in ein Unterprogramm, das innerhalb der Programmablaufsteuerung aufgerufen wird
Anwendungsprogrammierer	im Gegensatz zum Systemprogrammierer ein Mitarbeiter, der ausschließlich für Umstellungs- und Änderungsarbeiten in der Programmierung eingesetzt ist
Arbeitsanweisung Fachabteilung	Hilfsmittel für die Durchführung von Tätigkeiten im Bereich der Fachabteilungen
Arbeitsauftrag	Auftrag an einen Projektmitarbeiter, bezogen auf eine bestimmte Projektstufe
Arbeitsbericht	wöchentlicher Bericht des Projektmitarbeiters
Arbeitskontrolle	Bestandteil der Arbeitssteuerung im Bereich der Umstellungsarbeiten
Arbeitsplanung	Bestandteil der Arbeitssteuerung im Bereich der Umstellungsarbeiten
Arbeitsspeicher	anderer Ausdruck für internen Speicher einer EDV-Anlage
Arbeitsüberwachung	Bestandteil der Arbeitssteuerung im Bereich der Umstellungsarbeiten
Archiv-Nr.	unveränderliche Numerierung eines Magnetbandes oder Magnetplattenspeichers

Aufbauorganisation	oder Strukturorganisation; über- und untergeordnete Stellengliederung eines Unternehmens
Auftragszuordnung	Zuordnung eines Arbeitsschrittes oder Belegs zu einem bestimmten Auftrag: EDV-Auftrag, Projektauftrag oder Arbeitsauftrag
Ausgabebereich	Teil des programmbezogenen Arbeitsspeichers für die Bereitstellung von Ausgabedaten
Ausgabeinstruktion	Maschinenanweisung für die Datenausgabe
Bearbeitungsschritt	Tätigkeit, manuell oder maschinell
Bestandsdatei	Datei, bestehend aus Bestandsdaten, z.B. Lagerbestände, Buchhaltungskonten usw.
Bestandsdaten	Inhalt einer Bestandsdatei
Betriebssystem	Hauptbestandteil der Systemsoftware zur Steuerung der Hardware
Bewegungsdatei	Datei, die Bewegungsdaten, d.h. neue Geschäftsvorfälle, zwischenspeichert
Bibliothek	siehe Programmbibliothek
Blankoliste	von der EDV-Anlage auf Blankopapier gedruckte Liste
Blankopapier	Endlospapier ohne Vordruck
CLOSE-Instruktion	Maschinenanweisung zum Abschliessen von Dateien

COBOL	problemorientierte Programmsprache für kommerzielle Anwendungen
Codierleistung	Leistung des Programmierers beim Codieren, d.h. Anzahl Instruktionen je Zeiteinheit
Codierregeln	allgemeine und auf die eingesetzte Programmiersprache abgestimmte Regeln für die Programmverschlüsselung
Codierschema	Hilfsmittel für die Programmverschlüsselung
Codierung	Verschlüsselung eines Programms in die benutzte Programmsprache
Codierzeit	Zeitaufwand für die Verschlüsselung eines Programms
COPY-Datei	Datei, die in gleicher Weise in mehreren Programmen verwendet wird
DATA-DIVISION	Definitionen der Datenbeschreibungen
Datei	Bezeichnung eines zusammenhängenden Datenbestandes; Beispiel: Lagerbestandsdaten, Kundendaten, Personaldaten u.a.
Dateiaufbau	Gliederung einer Datei in Datensätze
Dateibezeichnung	Beschreibung einer Datei hinsichtlich ihres Inhalts

Dateidefinition	programmäßige Beschreibung einer Datei
Dateiname	programmtechnische Kurzbezeichnung einer Datei
Dateispezifikation	programmtechnischer Unterbegriff der Dateidefinition
Dateisteuerung	Teil der Programmablaufsteuerung, der sich mit dem Ansprechen von Dateien befaßt
Datenelement	programmtechnischer Ausdruck für Datenfeld
Datenerfassung	Erfassung der von äußeren oder inneren Stellen eingehenden Daten und ihre Übertragung in Datenträger (Lochkarte, Magnetband u.a.)
Datenfeld	Teil eines Datensatzes, der einen bestimmten Begriff, z.B. Kunden-Nr., Menge, Preis o.a., aufnimmt
Datenfelddefinition	programmtechnischer Ausdruck für die Beschreibung von Datenfeldern
Datenfluß	Arbeitsablauf, bezogen auf ein EDV-System
Datenflußplan	Darstellung eines Arbeitsablaufs in schaubildlicher Form
Datengruppe	Zusammenfassung von mehreren zusammenhängenden Datenfeldern zu einer Datengruppe, z.B. Datengruppe Name und Anschrift

Datensatz	zusammenhängende Datengruppe für einen Geschäftsvorfall, z.B. die Daten eines Lohnbelegs, einer Materialentnahme, einer Bestellung u.a.
Datenträger	Mittel für die Aufnahme von Daten bei der elektronischen Datenverarbeitung: Lochkarte, Lochstreifen, Magnetband, Magnetplatte u.a.
Deckblatt Programmdokumentation	Hilfsmittel für die Inhaltsangabe einer Programmdokumentation
Deckblatt Systemdokumentation	Hilfsmittel für die Inhaltsangabe einer Systemdokumentation
Definition	programmtechnische Bestimmung eines Datenfeldes, eines Datensatzes oder einer Datei
Detailorganisation	Projektstufe, die sich mit der organisatorischen Feinplanung eines EDV-Systems befaßt
Direktzugriff	Zugriff zu einem Datensatz auf der Magnetplatte, ohne eine bestimmte Zugriffsfolge einzuhalten
Dokumentation	Unterlagen zur Sicherung eines umgestellten Arbeitsgebietes
Druckausgabe	Ausgabe von Datenverarbeitungsergebnissen über den Schnelldrucker der EDV-Anlage
Druckdatei	Datei für die Druckausgabe

EDV-Analyse	Kurzuntersuchung vor Beginn eines EDV-Umstellungsprojekts
EDV-Antrag	Antrag für die Durchführung einer EDV-Analyse
EDV-Auftrag	Auftrag von der Fachabteilung an die EDV-Abteilung, ein bestimmtes Arbeitsgebiet auf der Grundlage der Ergebnisse aus der EDV-Analyse umzustellen
EDV-Ausschuß	EDV-Koordinierungsstelle im Unternehmen
EDV-Organisation	Abteilung oder Gruppe im EDV-Bereich zur Durchführung der organisatorischen Umstellungsarbeiten
EDV-Organisator	Mitarbeiter der Abteilung oder Gruppe EDV-Organisation
Eigentest	Programmtest, den der Programmierer selbst an der EDV-Anlage durchführt
Einführungsplan	Hilfsmittel für die Planung aller Arbeiten und Maßnahmen für die Systemeinführung
Eingabebereich	Bereich im Arbeitsspeicher der EDV-Anlage, der jeweils die Eingabedaten für eine Verarbeitung aufnimmt
Eingabedatei	Datei, deren Daten für die Eingabe in ein Programm dienen
Eingabeinstruktion	Maschineninstruktion zur Behandlung von Dateneingaben

Eingabeprogramm	Programm für die Behandlung von Eingabedaten
Eingabesatzart	Bezeichnung von Datensätzen der Eingabedatei
Einzelverarbeitung	Verarbeitung der einzelnen Daten eines Datensatzes
Entscheidungstabelle	Gitternetz für die Aufnahme von Ja-/Nein-Bedingungen und Aktionen, bezogen auf einen Verarbeitungsschritt
Entscheidungstabellentechnik	Verfahren zur Anwendung von Entscheidungstabellen
Entwurf des Programmablaufs	zweiter Schritt der Programmierung, bei dem der Ablauf des Programms entwickelt und graphisch dargestellt wird
Fein-Datenfluß	Datenfluß unter Einbeziehung aller manueller und maschineller Verarbeitungsschritte, Speicherdaten sowie Ein- und Ausgabebelege
Fein-Programmablauf	Programmablauf mit der Darstellung aller einzelnen Maschinenoperationen
Felddefinition	Bestimmung eines Datenfeldes mit Formatangaben
Feldinhalt	sachlicher Inhalt eines Datenfeldes
Feldlänge	Anzahl Stellen oder Bytes eines Datenfeldes

Feldname	programmtechnische Bezeichnung eines Datenfeldes
Formular	Endlospapier mit Vordruck
Freigabemeldung Programmänderung	Hilfsmittel für die Freigabe einer Programmänderung als Hinweis an das Rechenzentrum
Grob-Datenfluß	Datenfluß, der die einzelnen Schritte des Arbeitsablaufs nur in größeren Einheiten und im Zusammenhang enthält
Grob-Programmablauf	Programmablauf, der außer der Programmablaufsteuerung nur die Verarbeitungsgruppen enthält
Gruppenkontrolle	Kontrolle des Gruppenwechsels
Gruppenstufe	Einteilung der einzelnen Gruppen in Stufen, z.B. Filialketten, Großhändler, Einzelhändler u.a.
Gruppenwechsel	Änderung des Programmablaufs, ausgelöst durch eine andere Gruppenstufe
Gruppenwechselunterprogramm	Unterprogramm, das für eine bestimmte Gruppenstufe aufgerufen wird und zur Verarbeitung der Daten einer Gruppenstufe dient
Hardware	Ausdruck für die Zusammenfassung aller technischen Einrichtungen der Datenerfassung, Datenübertragung und Datenverarbeitung
Instruktion	Anweisung an die EDV-Anlage

Istdaten	tatsächlich angefallene Daten
Istkosten	tatsächlich angefallene Kosten
Isttermin	tatsächlich eingetretener Termin
Istwerte	siehe Istdaten
Istzeitaufwand	tatsächlich angefallener Zeitaufwand
Istzustand	gegenwärtiger Zustand eines Arbeitsgebietes
Journal	siehe Umwandlungsliste
Kartenart	Gruppennummer einer Lochkarte
Kernspeicher-Bedarf	(KSP.-Bedarf), Größenordnung eines Programms, bezogen auf den internen Arbeitsspeicher
Konstante	festgelegter Begriff, der bis zu seiner Änderung erhalten bleibt, z.B. Listenpreise, Rabattsätze usw.
Korrekturdatei	Datei, die Bewegungsdatensätze zum Korrigieren aufnimmt
Laufzeit	Laufzeit eines Programms in der EDV-Anlage, ohne Rüstzeit
Listbild	formelle Gestaltung einer Liste
Liste	vom Drucker der EDV-Anlage gewonnene Auswertung
Mannmonat	Maßstab für Zeitaufwand, angegeben in Monaten

Manntag	Maßstab für Zeitaufwand, angegeben in Tagen
Mannwoche	Maßstab für Zeitaufwand, angegeben in Wochen
Maschinenkosten	festgelegte Kosten pro Minute oder Stunde für die Benutzung der EDV-Anlage
maschinenorientierte Programmsprache	Assembler-Sprache, bezogen auf die Arbeitsweise der EDV-Anlage
Maschinenprogramm	im Gegensatz zum Quellenprogramm das in die Maschinensprache umgewandelte Programm
Maschinentest	im Gegensatz zum Schreibtischtest ein Programmtest, der auf der EDV-Anlage durchgeführt wird
Mischprogramm	Programm zum Mischen von zwei oder mehreren verschiedenen Datenbeständen mit gleichem Sortiermerkmal
Mitarbeiterdisposition	Disposition von Mitarbeitern für Umstellungsarbeiten
numerisches Feld	Datenfeld mit ziffernmäßigen Angaben, z.B. Preis, Menge u.a.
OPEN-Instruktion	Maschinenanweisung zum Eröffnen von Dateien
Organisationsablauf	Nacheinanderfolge der einzelnen Arbeitsschritte in schaubildlicher Darstellung

Organisationsaufbau	Über- und Unterordnung der einzelnen Stellen im Unternehmen
Organisationstest	Teil des Systemtests, bei dem das EDV-Modell auf Übereinstimmung mit der Wirklichkeit geprüft wird
Paralleldruck	Druckverfahren, bei dem zwei Formulare gleichzeitig nebeneinander gedruckt werden
Parameter	Steuerkennzeichen, von außen in ein Programm eingegeben
Praxistest	siehe Organisationstest
Problemanalyse	erste Stufe der Projektrealisierung mit Aufnahme und Darstellung des gegenwärtigen Zustands
problemorientierte Programmsprache	Programmsprache, die sich nicht am Arbeitsablauf in der EDV-Anlage, sondern an der Darstellung eines Problems orientiert
Programm	Summe der Arbeitsschritte für die Durchführung einer Aufgabe auf der EDV-Anlage
Programmablauf	Nacheinanderfolge der einzelnen Arbeitsschritte eines Programms
Programmablaufplan	schaubildliche Darstellung eines Programmablaufs
Programmänderung	Änderung, Ergänzung oder Erweiterung eines bestehenden Programms

Programmbeschreibung	verbale Beschreibung eines Programmablaufs
Programmbezeichnung	festgelegte Bezeichnung eines Programms
Programmbibliothek	meist auf Magnetplattenspeicher geführtes Programmverzeichnis
Programmblock	Teil eines Programms
Programmdokumentation	Zusammenstellung aller Programmunterlagen zur Sicherung eines Programms
Programmelement	siehe Programmblock
Programmeinführung	Übernahme eines Programms nach der Umstellung in den Praxisbetrieb
Programmfolgetest	Teil des Systemtests, bei dem das Funktionieren der Aufeinanderfolge von Programmen überprüft wird
Programmgröße	Angabe der Arbeitsspeichergröße, die ein Programm umfaßt
Programmierer	Mitarbeiter der Programmierungsabteilung
Programmierkenntnis	Qualifikation eines Programmierers im Hinblick auf eine bestimmte Programmsprache
programmierte Kontrolle	in ein Programm eingebaute Kontrolle

Programmierung	Bezeichnung für die Übersetzungsarbeiten von der Programmvorgabe in ein Programm
Programmlogik	siehe Programmstruktur
Programmname	programmtechnische Bezeichnung eines Programms
Programmnebenzweig	Programmverzweigung für eine Einzelverarbeitung
Programmschritt	Ausführung einer Maschinenanweisung
Programmstruktur	bestimmter und folgerichtiger Aufbau eines Programms
Programmtabelle	Bestandteil eines Programms zum Vergleichen und Steuern von zwei verschiedenen Datengruppen
Programmtest	Überprüfung eines Programms auf seine Übereinstimmung mit der Programmvorgabe, als Schreibtisch- oder Maschinentest
Programmversion	Kennzeichnung eines geänderten Programms
Programmverwendung	Hinweis auf die Verwendung z.B. einer Datei in mehreren Programmen
Programmvorgabe	Zusammenstellung von Unterlagen aus der Detailorganisation für die Ausarbeitung eines Programms
Programmzweig	Teil eines Programms nach einer Vergleichsoperation

Projektauftrag	Auftrag an ein Projektteam zur Umstellung eines Arbeitsgebietes
Projektbericht	Bericht des Projektleiters an den EDV-Leiter über Stand und Entwicklung eines Umstellungsprojekts
Projektkontrolle	Teil der Projektsteuerung, mit dem Termine, Zeit- und Kostenaufwand kontrolliert werden
Projektleiter	fachlich orientierter Leiter eines Projektteams
Projektmitarbeiter	EDV-Organisator, Programmierer und Mitarbeiter der Fachabteilung im Projektteam
Projektplanung	Teil der Projektsteuerung, mit dem Termine, Zeit- und Kostenaufwand für ein Projekt geplant werden
Projektrealisierung	im Gegensatz zur Projektsteuerung die Abwicklung eines Projektes, unterteilt nach Projektstufen
Projektsteuerung	Planung, Überwachung und Kontrolle einer Projektabwicklung
Projektstufe	Unterteilung der Projektrealisierung nach Problemanalyse, Systementwicklung, Detailorganisation, Programmierung und Systemeinführung
Projektstufenzuordnung	Zuordnung eines Arbeitsschrittes oder Beleges zu einer bestimmten Projektstufe

Projekttätigkeit	Unterteilung einer Projektstufe in einzelne Tätigkeiten
Projektteam	zeitweilige Zusammenstellung von Mitarbeitern aus der EDV-Abteilung und den von der Umstellung betroffenen Fachabteilungen zur Umstellung eines Projekts auf die EDV
Projektüberwachung	Teil der Projektsteuerung, mit dem die Umstellungsarbeiten laufend überwacht werden
Projektziel	Ziel, das mit der Projektumstellung erreicht werden soll
Prüfprogramm	Programm für die Prüfung von Eingabedaten
Quellenprogramm	im Gegensatz zum Maschinenprogramm handelt es sich hier um ein in einer bestimmten Programmsprache dargestelltes Programm
Rechenfeld	Feld des internen Arbeitsspeichers zur Aufnahme von Rechenergebnissen
Rechenzentrum	Zusammenfassung aller Aktivitäten der EDV-Abwicklung, unterteilt nach Arbeitsvorbereitung, Maschinenraum und Kontrolle/Abstimmung
Reorganisationsprogramm	Standard-Arbeitsprogramm zur Löschung und Einfügung von Datensätzen in eine bestehende Datei

Routine	siehe Unterprogramm
Satzaufbau	bestimmte Anordnung der einzelnen Datenfelder innerhalb eines Datensatzes
Satzart	Kennzeichnung von Datensätzen, zu einer Datei gehörend; der Kartenart vergleichbar
Schlüssel	problembezogenes Ordnungsmerkmal eines Datensatzes
Schneiden	hier Schneiden der Endlosformulare mit Hilfe einer Papierschneidemaschine
Separieren	hier Auseinandertrennen der einzelnen Schichten des Endlospapiers
sequentielle Datei	Datei, die in auf- oder absteigender Folge ihres Sortiermerkmals aufgebaut ist
Software	im Gegensatz zur Hardware die Summe aller System- und Anwendungsprogramme
Solldaten	Plan- und Vorgabewerte
Soll-Konzeption	entwickelte Konzeption, wie sie später ablaufen soll
Sollkosten	geplante oder geschätzte Kosten
Soll-Organisation	geplante Organisation
Solltermin	geplanter oder erwarteter Termin

Sollwerte	siehe Solldaten
Sollzeitaufwand	geplanter oder geschätzter Zeitaufwand
Sortierprogramm	Programm zum Sortieren von Datensätzen
Sprungbefehl	Steuerungsbefehl, zum Ansprung eines Unterprogramms
Stammdatei	Datei zur Speicherung von Stammdaten
Stammdaten	Daten, die meist für einen längeren Zeitraum unverändert bleiben, z.B. Adressen
Stammdaten-änderungsdienst	Maßnahmen zum Ändern von Stammdaten, meist mit Hilfe besonderer Änderungsprogramme
Standard-Analysebogen	Fragebogen für die Durchführung von Analysen mit einheitlichen Fragen
Standard-Listenkopf	standardisierter Kopfteil von Blankolisten
Standardmeldung	einheitliches Format von problembezogenen Meldungen über Konsolschreibmaschine oder Drucker
Standard-Software	einheitliches Softwarepaket, das von mehreren Anwendern benutzt werden kann
Standard-Unterprogramm	Unterprogramm zum Einfügen in andere Programme, standardisiert
Standard-Unterroutine	siehe Standard-Unterprogramm

Starthilfe	Hilfe der EDV-Organisatoren und Programmierer beim Anlaufen eines umgestellten Projekts
Steuerkarten	Lochkarten zum Aufrufen von Programmen in der Programmbibliothek und ähnlichem
Strukturorganisation	siehe Aufbauorganisation
Summenfeld	Datenfeld zur Aufnahme von Rechnungssummen
System	anderer Ausdruck für Arbeitsgebiet, unterteilt nach System, Teilsystem und Untersystem
Systemanalytiker	anderer Ausdruck für EDV-Organisator
Systemdokumentation	gesamte Dokumentation eines umgestellten Arbeitsgebietes, unterteilt nach Organisations- und Programmdokumentation
Systemeinführung	letzte Stufe der Projektrealisierung, als Summe aller Maßnahmen zur Übergabe eines umgestellten Systems an das Rechenzentrum und die Fachabteilungen
Systementwicklung	zweite Stufe der Projektrealisierung mit Ausarbeitung der neuen Soll-Konzeption
Systemprogrammierer	im Gegensatz zum Anwendungsprogrammierer ein EDV-Mitarbeiter, der sich ausschließlich mit System-Software beschäftigt

Systemtest	Abschlußtest einer Projektumstellung, unterteilt nach Programmfolgetest und Organisationstest
Systemübergabe	Teilgebiet der Systemeinführung
Systemzuordnung	Zuordnung der einzelnen Arbeitsschritte und Belege zu einem bestimmten System, mit Unterteilung nach Teil- und Untersystem
Tabelle	tabellarisch aufgebaute Datenfolge
Tabellenplatz	Teil einer Tabelle zur Aufnahme eines bestimmten Datenfeldes
Tabellenstufe	Teil einer tabellarisch aufgebauten Datenfolge
Tabellenwert	Inhalt eines Datenfeldes in einer Tabelle
Tabellenzugriff	Art des Zugriffs zu einem Tabellenplatz
Tabellenzyklus	Programmschleife zum Bearbeiten einer Tabelle
Tätigkeitenkatalog	standardmäßige Übersicht über die einzelnen Tätigkeiten einer Projektstufe
Teilsystem	Untergliederung eines Systems in Teilsysteme
Test	Überprüfung eines Programms bzw. einer Programmfolge auf Überein-

	stimmung mit der Programmvorgabe bzw. mit der Wirklichkeit des Arbeitsablaufs
Testanweisung	Anweisung an den Operator zur Durchführung eines Programmtests im Closed-Shop-Betrieb
Testauswertung	Überprüfung der Testergebnisse
Testdaten	simulierte Daten zur Durchführung von Programmtests
Testergebnis	Ergebnis eines Programmtests
Testlauf	Durchführung eines Programmtests
Testhilfe	Programm zur Unterstützung bzw. Kontrolle von Programmtests
Übergabeprotokoll	Hilfsmittel für die Protokollierung der Übergabe eines umgestellten Arbeitsgebiets
Übernahme von Datenbeständen	Aufbau von Stamm- und Bestandsdateien
Umstellung	anderer Ausdruck für Entwicklung und Einführung von EDV-Systemen
Umstellungspriorität	Festlegung der Reihenfolge von Umstellungsarbeiten
Umstellungsteam	siehe Projektteam
Umwandlung	maschinelle Übersetzung eines Programms von der Programm- in die Maschinensprache

Umwandlungsliste	oder Journal; Protokoll über die Maschinenumwandlung
Unterprogramm	Teil eines Programms
Unterprogramm-verzeichnis	maschinelle oder manuelle Auflistung aller Unterprogramme, die zu einem Programm gehören
Untersystem	Untergliederung eines Teilsystems in Untersysteme
Verarbeitungsteil	im Gegensatz zur Dateisteuerung Teil eines Programms, der sich mit der eigentlichen Verarbeitung beschäftigt
Vergleichsfeld	Datenfeld zur Aufnahme eines Vergleichswertes zur Programmverzweigung
Vorprogramm	Programmanfang, der nur einmal durchlaufen wird
Voruntersuchung	EDV-Antrags- und -Auftragsverfahren
Zeitschätzverfahren	Verfahren zur Zeitschätzung von Organisations- oder Programmierungsarbeiten
Zusatzkosten	zusätzlich zu den Personalkosten bei der Umstellung anfallende EDV-Kosten, insbesondere Datenerfassungs- und Testkosten
Zwischenspeicher	Datenfeld im Arbeitsspeicher zur Aufnahme von Zwischenwerten

Sachregister

FUTH	ORGANISATI
System	Tei
Rechnungswesen	Buchh
Auftrags-Nr.	Auftrag
074.1.01	Durchführen

Tätigkeiten in Abt.: Buchhaltung | De

Lfd. Nr.	Bezeichnung	Periode	Anz. Pers.	Std./Mon.	Arbeitsspitzen	Belegeingang: von Abt.	Belegeingang: Bezeichnung	Belegeingang: Menge	Belegeingang: künft. Menge	Bezeic
01	Auftragsprüfung	t	5	100	2. Dekade	Kunde	Aufträge Stornierungen	ca. 300 tägl. ca. 20 tägl.	ca. 500 tägl. ca. 40 tägl.	Kunde
02	Verfügbarkeitsprüfung	t	2	40	2. Dekade		Aufträge			Lagerko
03	Bestellsatz ausfüllen	t	5	60	2. Dekade		Aufträge			
04	Karteiführung	t	5	20	2. Dekade					Kunden
05	Fakturierung	w	4	80	—	Versand	Versandmeldungen	ca. 300 tägl.	ca. 500 tägl.	Kunde
06	Gewinnung von Verkaufsinformationen	m	3	100	Monatsanfang		Aufträge Rechnungen			Kunden

Formular III/10

F IST	erstellt am: 1.8.75
	erstellt durch: Schmidt
	Untersystem
	Verkaufsabrechnung
ng	Projektstufe
nanalyse	Problemanalyse

…	künft. Menge	Belegausgang: an Abt.	Belegausgang: Bezeichnung	Belegausgang: Menge	Belegausgang: künft. Menge	geplante Änderungen	Anforderungen
…00	ca. 4.000	Kunde	fehlerhafte Aufträge	ca. 20 tägl.	ca. 40 tägl.	keine	eindeutige Kunden- u. Artikel-Nr.
…0	ca. 3000	Kunde	nicht lieferbare Aufträge	ca. 10 tägl.	ca. 20 tägl.	Änderungen in der Zusammensetzung des Artikelsortiments	maschinelle Verfügbarkeitsrechnung
		Lager	Bestellsätze	ca. 300 tägl.	ca. 500 tägl.	keine	maschinelle Auftragsbestätigungen
						keine	maschinelle Dateiführung
		Kunde	Rechnung Original	ca. 1.500 wöch.	ca. 2500 wöch.	Änderungen in der Kundenstruktur	maschinelle Fakturierung, täglich
		Buchh.	Rechnung 1. Kopie				
		Verkauf	Verkaufsstatistik	ca. 20 mtl.	ca. 20 mtl.	keine	detailliertere, schnellere Verkaufsinformationen

FUTH	
System	
Rechnungswesen	Buchh…
Auftrags-Nr.	Auftr…
074.1.06	Durchführen Def…

07.03.76 EINGABE- UND FEHLERPROTOKOL…

SA	KUNDE NR.	PZ	AUFTRAGSDATUM	AUFTRAGS-NR.	ARTIKEL 1 ART. NR.	MENGE	PREIS	S	A… ART NR…
01	03215	8	03.03.76	031346	1436	10	17,5	0	14…
01	03305	4 *	28.02.76	007683	1A36 ****	5	15,5	0	12…
01	58730	3	32.02.76 **	106351	1444	1200	45,7	5	
01	58735	4	03.03.76	1100	1437	15	20,1	0	15…
01	58735	4	03.03.76	1101	2265	3	47,3	0	23…
01	58737	0	04.03.76	267659	1436	20	17,5	0	
99	9—9	9	9—9	9—9	9—9	9—9	9—9	9	9—

Feldlängen

Formular III/17

	erstellt am: 2.12.75
	erstellt durch: York
	Untersystem
	Verkaufsabrechnung
ung	Projektstufe
nisation	Detailorganisation

PREIS	ART. NR.	MENGE	PREIS	ART. NR.	MENGE	PREIS	ART. NR.	MENGE	PREIS
TRAEGE				VAB02T			SEITE 1		
L 2	ARTIKEL 3			ARTIKEL 4			ARTIKEL 5		
45,75	2010	20	80,00	2146	1	44,25	2148	17	14,10
20,00									
50,20	2176	4	35,00	2204	3	70,00	2260	13	20,00
30,10	314A ****	2	47,50						
9—9	9—9	9—9	9—9	9—9	9—9	9—9	9—9	9—9	9—9

Art: Blankoliste

Funktion: Ausweis aller Eingaben und Fehler

Formular-Nr.: —

Anzahl: 15-20 Blätter

Kopien: keine

Empfänger: Buchhaltung

Format: 12" x 10 3/4"

Druckverfahren: —

FUTH	
System	
Rechnungswesen	B
Auftrags-Nr.	
074.1.09	Einführu

Tätigkeiten	Abteilung	Personen	S
Erfassen der Datenbestände	Buchhaltung	Günter u.a.	Kund
übertragen der " "	RZ	Datenerfassung	DE-
Aufbau der Kundendatei	RZ	Arbeitsvorbereitg.	Magn
Systemschulung der Mitarbeiter	Buchhaltung	alle	Belg Anw Daten
Erstellen Testdaten für Systemtest	Buchhaltung	alle	Testfo
Durchführen Systemtest	EDV	Programmierer	ProP
Auswerten Systemtest	Buchhaltung	alle	Testi
Ausarbeiten Abschlußdokumentat.	EDV	alle Projekt-mitarbeiter	Form Doku
Übergabe des neuen Systems	RZ	Grammann / Arbeitsvorbereitung	Doku und F
Starthilfe	RZ Buchhaltung	alle Programmierer alle EDV-Organisat.	- -
Abschlußkontrolle	EDV	Grammann	EDV-

Formular III/25

NGSPLAN

erstellt am: 16.2.76

erstellt durch: Graumann

stem	Untersystem
ltung	Verkaufsabrechnung

zeichnung	Projektstufe
kaufsabrechnung	Systemeinführung

Umstellung: 1.7.1976 Termine

Wo. 15	16	17	18	19	20	21	22	23	24	25	26	27	28	29	30	31	32

FUTH	ORGANISATI
System	Teils
Rechnungswesen	Buchha
Auftrags-Nr.	Auftrag
074.1.03	Durchführen System

Verarbeitung						
Lfd. Nr.	Arbeitsschritt	man. EDV	Periode	Bemerkungen	Bezeichnung	Date
01	Prüfung und Ergänzung der Aufträge (Abt. Buchhaltung)	man.	t	Rückweisung unvollständiger Aufträge	Aufträge Stornierungen Änderungen fehlerhafte Aufträge	Kunde int. F Kunde
02	Erfassung der Aufträge (zentrale Datenerfassung)	man.	t	Erfassung auf Magnetband	Aufträge Auftragssätze neu	Kunden Magne
03	Eingabe und Prüfung (Maschinenraum)	EDV	t	Auftragssätze neu nach Kunden- u. Artikel-Nr. intern sortieren	Auftragssätze neu (ungeprüft) Kundendatei Auftragssätze neu (geprüft) Eingabe- u. Fehlerprotokoll	Magn Magn Magn Blan
04	Verfügbarkeitsrechnung	EDV	t	einschließlich Drucken der Auftragsbestätigungen; nicht lieferbare Aufträge zurückzumischen	Auftragssätze neu (geprüft) Auftragssätze alt Artikeldatei Auftragssätze lieferbar " nicht lieferbar Auftragsbestätigung	Magn Magn Magn Magn Magn Form

Formular III/13

F SOLL (Auszug)	erstellt am: 8.10.75
	erstellt durch: Schmidt
	Untersystem
	Verkaufsabrechnung
g	**Projektstufe**
cklung	Systementwicklung

Dateien

Hinweise	Inhalt	E = Eing. A = Ausg. S = Speich.	Menge	A = Absender E = Empfänger	Schlüssel: Name	Schlüssel: Aufbau
—	alle erforderlichen Auftragsdaten	E	300 bis 500	Kunde (A)	Kunden-Nr.	5 Stellen fortl. num., 6. Stelle Prüfziffer
—	alle erforderlichen Daten	E	20-40	"	"	
—	Änderungen in den Kundenstammdaten	E	10-20	Buchhaltung (E)	Kunden-Nr. / Artikel-Nr.	4 stellig num. fortlauf.
—	"	A	20 bis 40	Kunde (E)	—	—
	"	E	300 bis 500	Buchhaltung (A)	Kunden-Nr. Artikel-Nr.	—
unsortiert	"	A	300 bis 500	Maschinenraum (E)	—	—
unsortiert	"	E	300 bis 500	Datenerfassung (A)	Kunden-Nr. Artikel-Nr.	—
...dex-sequentiell	Kundenstamm- u. -fortschreibungsdaten	S	3.800 bis 4.000	—	Kunden-Nr.	—
...rtiert nach ...den- u. Arti-...l-Nr.	alle Auftrags- und Lieferdaten	A	300 bis 500	Maschinenraum (E)	Kunden-Nr. Artikel-Nr.	—
...rtiert nach ...den- u. Arti-...l-Nr.	alle Eingaben u. alle fehlerhaften Auftragssätze	A	300 bis 500	Buchhaltung (E)	Kunden-Nr. Artikel-Nr.	—
—	siehe oben	E	siehe oben	Maschinenraum	siehe oben	—
—	siehe oben	E	ca. 200	"	siehe oben	—
...dex-sequentiell	Artikelstammdaten	S	2.500 bis 3.000	—	Artikel-Nr.	—
—	siehe oben	A	250 bis 400	Maschinenraum	siehe oben	—
—	siehe oben	A	ca. 200	"	siehe oben	—
—	alle Auftragsdaten	A	250 bis 400	Kunde und Buchhaltung	Kunden-Nr. Artikel-Nr.	—

FSC
www.fsc.org
MIX
Papier | Fördert gute Waldnutzung
FSC® C083411

Zeitfracht Medien GmbH
Ferdinand-Jühlke-Straße 7
99095 Erfurt, Deutschland
produktsicherheit@kolibri360.de